AURELIA VELEZ,
LA AMANTE DE SARMIENTO

Araceli Bellotta

AURELIA VELEZ,
LA AMANTE DE SARMIENTO

Una biografía amorosa

Planeta

Diseño de cubierta: Mario Blanco
Diseño de interior: Alejandro Ulloa
Investigación fotográfica: Graciela García Romero

Séptima edición: noviembre de 1998
© 1997, Araceli Bellotta

Derechos exclusivos de edición en castellano
reservados para todo el mundo:
© 1997, Editorial Planeta Argentina S.A.I.C.
Independencia 1668, 1100, Buenos Aires
Grupo Editorial Planeta

ISBN 950-742-814-3

Hecho el depósito que prevé la ley 11.723
Impreso en la Argentina

A Graciela.

A Lolita, porque alegró mi trabajo
con el milagro de la vida.

"El cielo me proteja de la pequeñez, de la pasividad y de la suavidad. Dadme grandes vicios resplandecientes y resplandecientes virtudes, pero preservadme de las pequeñas ambigüedades neutrales. Sé astuta, sé valiente, borracha, angustiada, disoluta, despótica, sé anarquista o sufragista, sé cualquier cosa, pero, por piedad, hasta el extremo de tu capacidad. Vive plenamente, apasionada, desastrosamente. Vivamos tú y yo, como nadie ha vivido nunca."

VITA SACKVILLE-WEST,
25 de octubre de 1918

INTRODUCCION

Reconstruir la biografía de Aurelia Vélez significó luchar con muchos años de tradición historiográfica tendente a eliminar de la historia argentina la existencia de las mujeres. En este caso, se debe agregar, además, la pacatería de ocultar a las que se atrevieron a desafiar las "buenas costumbres" de su época, que en el siglo XIX, como a veces también en el actual, no abarca solamente la moral sexual sino también la osadía femenina de la inteligencia y del pensamiento.

Escribir sobre su vida obligó a recorrer muchos años de la historia argentina desde el lugar de una testigo privilegiada, porque Aurelia nació durante el gobierno de Juan Manuel de Rosas, murió al finalizar la primera presidencia de Hipólito Yrigoyen, y acompañó a dos de los hombres más notables del siglo pasado: Dalmacio Vélez Sarsfield, su padre, y Domingo Faustino Sarmiento, su amante. Me resultó interesante la aventura de reflexionar junto a ellos sobre cuestiones que son fundamentales para el funcionamiento de las instituciones del país.

Las cartas originales y las fotografías de Aurelia, inéditas hasta esta investigación, las cartas originales de Dalmacio Vélez Sarsfield, también desconocidas, y el rescate de algunas entrevistas a personajes que fueron sus contemporáneos, permitieron cuestionar varios de los datos que sobre su vida aparecen en las biografías dedicadas a Sarmiento.

Estas páginas no tienen la intención de presentarla como un prototipo femenino. Sí como una mujer, apasionada e inteligente, que resistió como pudo los condicionamientos de su medio para construir su propia vida, y pagó las consecuencias de su opción. Fue capaz de vivir con Sarmiento una pasión atípica para la época, que duró treinta años pero que con el tiempo fue adoptando diferentes formas que no hicieron más que fortalecer el amor que siempre los unió.

Mi gratitud a Graciela García Romero porque creyó en mí y en esta historia. A María Sáenz Quesada y Juan Isidro Quesada, quienes hicieron posible el acceso a los descendientes de Vélez Sarsfield. A Fernando Romero Carranza, que facilitó las cartas y fotografías originales. A Paula Pérez Alonso por su paciencia, a Miguel Mazzeo, a Felicitas Luna, a Adriana De Muro y a María Rosa Codima del Museo Histórico Sarmiento, a Claudia Perel del Archivo General de la Nación, al doctor Carlos Francavilla, jefe del Departamento Monumentos Históricos y Obras de Arte del cementerio de la Recoleta, a Adriana Pérez Bayo, al doctor Juan Carlos Fernández por sus aportes sobre Dalmacio Vélez Sarsfield, a Josefina Delgado por su súbita memoria.

A. B.
Buenos Aires, agosto de 1997

CAPITULO I

"Siento mucho que los tuyos no gocen de buena salud, como he vivido tantos años temiendo por los míos, me imagino que tendrás gusto para nada cuando alguno de ellos se siente enfermo: son los inconvenientes de la familia que es sin embargo la única felicidad de la vida."

Carta de Aurelia Vélez
a su sobrina María Carranza,
el 28 de agosto de 1901.

Hacía un año que Juan Manuel de Rosas gobernaba Buenos Aires. La Legislatura le había conferido la suma del poder público por un lustro, poco después de que el asesinato de Facundo Quiroga se levantara como una amenaza para la paz del país.

La noticia de esta muerte sacudió a la ciudad y particularmente a la familia del prestigioso jurista, Dalmacio Vélez Sarsfield, abogado de Quiroga pero, además, cuñado del secretario del caudillo, José Santos Ortiz, quien también perdió la vida en el crimen de Barranca Yaco. Desde ese día, su mujer, Inés Vélez Sarsfield, viuda y con sus hijos, Pedro, Juana y José, se refugió en la casa de su hermano en Buenos Aires.

En este clima de caos y de violencia, el 8 de junio de 1836 nació Aurelia Vélez, la primera hija de Dalmacio Vélez Sarsfield y Manuela Velázquez Piñero, en una casona de la entonces calle de La Plata, después Federación y actual Rivadavia al 800.

La infancia de Aurelia fue tan agitada como los sucesos políticos de la época. Creció en una ciudad

15

engalanada de rojo, en la que sc hablaba de "salvajes unitarios", y en la que los fusilamientos y ahorcamientos en la plaza pública eran escarmientos cotidianos utilizados por las autoridades para defender a la "Santa Federación" con el propósito, según decían, de poner orden en un país que todavía no se había constituido como tal.

Para la familia Vélez Sarsfield fueron tiempos muy duros. Dalmacio, convertido ya en un reconocido jurista, debía remontar ante el gobierno de Rosas su participación en el Congreso de las Provincias Unidas de 1824 y su voto favorable a la Constitución Unitaria de 1826. Había sido el diputado más joven y un ferviente seguidor de Bernardino Rivadavia quien, una vez derrocado, partió hacia el exilio. Vélez Sarsfield se retiró, entonces, de la actuación política y se dedicó a atender su bufete convirtiéndose en el abogado con mayor reputación en los Tribunales de Buenos Aires, donde desplegó su habilidad de pleitista.

Juan Manuel de Rosas.

Que Quiroga fuese uno de sus clientes prestigió su estudio además de garantizarle el libre ejercicio de la profesión en tiempos en que los jueces carecían de independencia frente al "Restaurador de las Leyes", tanto que no se conoce un solo caso en que algún magistrado se atreviese a fallar en favor de un unitario.

En ese marco, el doctor Vélez Sarsfield participó en uno de los más sonados juicios de la época, desatado luego de la quiebra de otro de sus importantes clientes, la casa Lezica Hnos. y Cía., una de las más prestigiosas del país con representaciones en Europa y América Latina, y que significó la estafa a numerosas familias de la ciudad. El escándalo fue mayúsculo: mereció que Rosas designara un tribunal especial solamente para este caso, el cual finalmente se resolvió echándole la culpa de la quiebra a los extranjeros y vendiendo la casa del representante de la firma en Buenos Aires, Faustino Lezica, a la viuda de Facundo Quiroga en cien mil pesos, para el pago de la deuda contraída. En esta negociación se advierte la gestión de Vélez Sarsfield, puesto que ambos eran clientes suyos.

Sin embargo, la popularidad de Dalmacio no duró mucho tiempo. Aurelia tenía apenas cuatro años cuando su padre cayó en desgracia ante el régimen, a pesar de que Vélez Sarsfield se esforzaba por cumplir con la exigencias de iluminar su casa en los aniversarios federales y llevar el reglamentario cintillo punzó. El primer síntoma fue su separación de la Academia de Jurisprudencia donde había actuado durante seis años. Luego, sus principales clientes abandonaron sus servicios al enterarse de que no era bien visto por el gobierno. Aquellos tibios gestos de adhesión ya no bastaban después del asesinato del presidente de la

Legislatura, doctor Manuel Maza, del fracasado complot para asesinar a Rosas y del avance del general Lavalle sobre Buenos Aires al frente de un ejército unitario.

Es posible, también, que Dalmacio confiara en el triunfo de la revolución encabezada por Lavalle en contra de Rosas y por ello se hubiese atrevido a expresar su verdadero pensamiento, que en poco tiempo llegó a oídos de las autoridades. Cuenta el general José María Paz que "el doctor don Dalmacio Vélez me decía en tono de invitación que nada más restaba que hacer, que marchasen unos cuantos hombres a apoderarse de la Fortaleza". Y más adelante agrega con bastante poca simpatía hacia Dalmacio que "para esta operación hubiera sido más adecuado un alcalde de barrio o el mismo doctor que daba el consejo, pero su espíritu era otro: no se proponía sino azuzarme y dejar a mi cuenta los peligros, las dificultades y la responsabilidad de tan descabellada empresa. Así son algunos hombres".

Las afirmaciones de Paz demuestran que Vélez Sarsfield no había participado del complot, aunque la sospecha de que habría prestado la estancia heredada de su primer matrimonio con Paula Piñero para que Lavalle acampara con su ejército en su paso por Arrecifes bastó para ser señalado como culpable.

El 16 de septiembre de 1840 el gobierno publicó un decreto por el que ordenaba que los gastos provocados por la invasión de Lavalle a Buenos Aires fueran sufragados con los bienes de los "salvajes unitarios" que lo habían apoyado. Enseguida las autoridades de la ciudad y de la campaña se dedicaron a identificar a todos los unitarios que vivían en sus jurisdicciones.

La Sociedad Popular Restauradora —organización adicta al gobernador de Buenos Aires, que funcionaba como una estructura parapolicial— sumó el nombre de Dalmacio Vélez Sarsfield al de otros ciudadanos que debieron hacerse cargo con sus bienes de los gastos provocados por el levantamiento.

El miedo se instaló en el hogar de los Vélez Sarsfield y Aurelia se acostumbró desde pequeña a ver cómo en su casa se trababan las puertas y las ventanas por temor a los hombres de la Mazorca. Años después —probablemente con la ayuda de Aurelia— Sarmiento contaba que "el rumor empezó a circular de que iban a degollar al doctor Vélez, y este rumor era conocido precursor de trágicos sucesos. Veíanse hombres rondando la casa; cabezas siniestras asomar a su puerta. Fue preciso esconderse, cambiar de casas, para escapar a las acechanzas, embarcarse al fin y buscar como tantos otros con el peligro de una hora, la salvación de la vida" y que "un tal Obarrio, se jactaba años después, de haberle perdonado la vida pues tuvo orden de asesinarlo en 1840".

Todos en Buenos Aires temblaban ante la sola mención de la Mazorca, la que, según el escritor Eduardo Gutiérrez, "podía armar, en plena calle, el escándalo más formidable: ninguna ventana se abría, ni se daba en las casas la menor señal de vida. Al primer grito destemplado, las familias huían al fondo de las casas, para no oír los lamentos de la víctima ni las imprecaciones de los asesinos. Las calles, silenciosas, no acusaban el rumor de paso alguno, a no ser el tropel de los asesinos que se cruzaban en todas direcciones, o el paso tranquilo del caballo del sereno; sereno que no era otra cosa que un ayudante o espectador impasible de los crímenes que en plena calle perpetraba la Mazorca".

En 1840, el juez de paz de San Miguel embargó la casa de la calle Federación y los Vélez Sarsfield huyeron a la estancia de Arrecifes donde Dalmacio había trabajado hasta convertirla en uno de los más florecientes establecimientos ganaderos de la provincia de Buenos Aires. Allí se ocultó durante dos años en los cuales alternó la atención del campo con el estudio de Virgilio, que daría como resultado la traducción de la *Eneida*.

Para Aurelia el escenario había cambiado. Debió abandonar junto a su familia la casa de la ciudad, su amplio portal y la huerta, para trasladarse a un "semipueblo formado por pulperos y gauchos donde no hay a quien visitar", como calificaba Vélez Sarsfield a Arrecifes. Pero, como contrapartida, ganó más horas junto a su padre que, alejado de las urgencias de los pleitos, le dedicaba especial atención. Pese a que Dalmacio tuvo cuatro hijos: Vicenta —de su primer matrimonio— y luego Aurelia, Constantino y Rosario, de sus segundas nupcias, sentía por Aurelia particular predilección. Seducido por su inteligencia fue transmitiéndole desde aquellos años la pasión por el conocimiento, especialmente por la historia de Grecia, Roma y Oriente. Fue Dalmacio quien le inculcó el amor por la lectura, y más tarde la preocupación por la política y los problemas americanos.

Sin embargo, Dalmacio apenas tuvo tiempo para plantar estas semillas. En 1842 la acción en contra de Rosas del presidente uruguayo Fructuoso Rivera en combinación con la Comisión Argentina de Montevideo integrada por los unitarios en el exilio, provocó que el partido federal endureciera aún más su posición. La persecución política aumentó, "venganzas personales, excesos del radicalismo, que se perpetraban en circunstancias anormales, en que el pueblo ineducado quería víctimas para alimentar sus odios, aguijoneados por un enemigo audaz, el cual inmolaba igualmente víctimas en sus altares", explica Adolfo Saldías repartiendo la responsabilidad de la barbarie en igual medida entre unitarios y federales, en una descripción del clima que se vivía en el país.

Los amigos del doctor Vélez Sarsfield le recomendaron partir al exilio y en la noche del 11 de febrero de 1842, con el nombre falso de "Doctor Dalmacio Velín", zarpó hacia Montevideo a bordo de un pequeño bergantín inglés.

Fue así como Aurelia, de seis años, junto a su madre, su medio hermana Vicenta, de doce, su hermano Constantino, de dos, y su tía Tomasa Vélez Sarsfield quedaron en Buenos Aires, con la casa embargada y con la angustia por la suerte de su padre. Y solos debieron enfrentar, un mes después, al comi-

En 1840, la familia Vélez Sarsfield sufrió la persecución. *El año del terror* de Leonie Matthis.

sario de la Sección Segunda, Francisco Maciel, encargado de ejecutar la orden impartida el 23 de marzo de 1842 por el gobernador delegado Felipe Arana, de "tomar una razón de lo que hubiera dejado el salvaje unitario Dr. Vélez Sarsdfiel (sic)".

De esta manera, los Vélez Sarsfield perdían la finca de la calle Federación, la de la calle Chacabuco que pertenecía a Vicenta, la primera hija de Dalmacio, la estancia de Arrecifes y la quinta de Almagro emplazada en el predio en el que actualmente se levanta el Hospital Italiano, entre las calles Gascón, Potosí, Rawson y Perón en Buenos Aires. Se les permitió seguir viviendo en un sector de la casa pero con la exigencia de pagar alquiler.

Mientras tanto, el doctor Vélez Sarsfield se abría camino en Montevideo. A sólo un mes de su llegada logró su inscripción en la matrícula de abogados, lo que rápidamente le permitió empezar a trabajar y auxiliar económicamente a su familia. En agosto de 1842 su nombre aparecía en la lista de los treinta y tres abogados que ejercían el derecho en aquella ciudad y entre los que figuraban Valentín Alsina, Juan Bautista Alberdi, Miguel Cané y Pedro J. Agrelo, entre otros exiliados argentinos. Un año después, el 9 de enero de 1843, logró la designación como defensor de pobres en el fuero criminal.

Si Dalmacio, una vez establecido, tuvo la intención de trasladar a su familia al Uruguay, la misma realidad pronto se encargó de desanimarlo. No había pasado un año de su estada en aquel país cuando Oribe derrotó al general Rivera, ocupó Montevideo y dejó abierto el paso para los ejércitos de Rosas. Una vez más la sombra del gobernador de Buenos Aires aparecía amenazadora para Vélez Sarsfield. Seguramente, por esa razón, dice su biógrafo Abel Chaneton, vivió sus cuatro años de exilio "sin arraigar en aquella tierra de proscripción, siempre al acecho de alguna oportunidad propicia que le permitiera reintegrarse a la patria donde estaban su mujer, sus hijos, sus libros".

Cuando, en 1846, Dalmacio regresó a Buenos Aires, Aurelia acababa de cumplir diez años y tenía muy grabada en su corazón la persecución de la que su familia había sido víctima, porque años después le relató a Sarmiento el estado en que su padre encontró sus propiedades. "Su casa estaba a fuer de salvaje, embargada, habitada por extraños; sus muebles y preciosa biblioteca, rica en obras de Derecho y de manuscritos históricos, había sido desparpajada por el martillo del rematador. Su quinta había sido partida en dos por una calle de atravieso a fin de que carretas y cabalgaduras pasaran de uno a otro lado. Los techos, las ventanas y puertas de la casa sacadas por el juez de paz para su uso personal; y en la estancia de Arrecifes que dejó poblada con diecciséis mil cabezas de ganado y era por entonces una estancia modelo, una mancha blanca sin pastos y algunos montones de escombros y basuras señalaban al pasante el lugar donde había habido casas, establos y galpones."

También debió de asistir perpleja al cambio de Dalmacio, que de perseguido político se convirtió en asiduo asistente a las tertulias de Palermo donde entabló amistad con Manuelita Rosas, la hija del gobernador. Lucio V. Mansilla relata que en una ocasión en que visitó a Rosas, su tío, "había rehusado un asiento en la mesa, al lado del doctor Vélez Sarsfield" porque debía regresar a su casa para cenar, y en otra oportunidad encontró a su prima, Manuelita, "rodeada de un gran séquito en lo que se llamaba el jardín

23

de las magnolias (...), los unos de pie, los otros sentados sobre la verde alfombra de césped perfectamente
cuidado, pero ella tenía a su lado, provocando las en-
vidias federales, y haciendo con su gracia caracterís-
tica todo amelcochado el papel de *cavaliere servente*,
al sabio jurisconsulto don Dalmacio Vélez Sarsfield".

Durante toda su vida, el doctor Vélez se distin-
guió por la austeridad, la mesura y el rechazo a las
actitudes pasionales —características que seguramente por reacción no cultivó Aurelia— y durante el
último período del gobierno de Rosas, aunque no
cambió su pensamiento político, no tuvo problemas
en mimetizarse con el régimen, lo que le permitió ga-
rantizar la tranquilidad de su familia que ahora contaba con un miembro más, Rosario, su tercera hija,
nacida en 1850. Incluso estableció una estrecha amistad con Manuelita y alguna tarde Aurelia, adornada
con los reglamentarios distintivos federales, lo habrá
acompañado al besamanos sin protocolo que una vez
por semana la hija del gobernador celebraba junto a
sus amigos más cercanos.

Batalla de Caseros, 1852.

Aurelia se acostumbraba así, desde pequeña, a los vaivenes de la política y a entender con naturalidad que las actitudes conciliadoras o los enfrentamientos alcanzaban en el mundo de los asuntos públicos dimensiones diferentes de los establecidos en la vida privada. Tal vez ésta fuera una de las razones por las que el ámbito privado era el único reservado para las mujeres de la época.

Por esta experiencia, cuando en su adolescencia el régimen del Restaurador llegó a su fin, no le costó mucho comprender cómo era posible que el pueblo engalanado de rojo saliera a las calles a vivar a Rosas en la revista militar del 9 de julio de 1851, y siete meses después hiciera lo mismo —aunque vestido de celeste— para recibir al general Justo José de Urquiza, quien en la batalla de Caseros puso fin a veinte años de lo que a partir de ese momento se llamó "dictadura", gobernada por quien desde entonces fue denominado como "el tirano".

También debió de entender a su padre que, de asiduo concurrente a las veladas de Manuelita, fuera uno de los primeros civiles convocados por Urquiza en la misma quinta de Palermo para planificar una reunión de gobernadores de la que habría de surgir un Congreso para iniciar la organización nacional.

Es que para la joven Aurelia, de dieciséis años, nada de lo que estaba ocurriendo en el país le era extraño. Su padre hacía tiempo que estaba en contacto con Urquiza, de quien había recibido una subvención para fundar el diario *El Nacional*, y más de una vez lo había escuchado conversar con Domingo Sarmiento —un amigo sanjuanino de la época del exilio cuyos escritos y opiniones deslumbraban especialmente a Aurelia— de que por fin se iniciaría la gran obra de la Constitución de la República, igual que se hablaba en los tiempos de Rivadavia, nombre venerado en el hogar de los Vélez Sarsfield.

Por otra parte, su primo, el médico Pedro Ortiz Vélez, al que conocía desde muy chica porque había vivido en su casa luego del crimen de Barranca Yaco, se había sumado al ejército de Urquiza como ayudante de caballería y casi había perdido la vida durante la marcha hacia Caseros. ¡Y menos mal que aquel soldado entrerriano pudo sujetarlo y evitó que se ahogara cuando vadeaba el Paraná...!

Puerto de Buenos Aires, 1890.

Yo, Aurelia Vélez Sarsfield, 54 años, viuda y con bastante dinero, declaro que me pasé toda mi vida esperando. Y ahora, condenada por mí misma y por los demás a la soledad y a la calumnia, decidí evitar el lamento y poner toda la distancia posible a estos Buenos Aires, no tan buenos para mí después de todo.

Se acabó la época de esplendor, del mío por lo menos. ¿Quién lo hubiera dicho? Me convertí en una tía vieja y, sin querer, hice todo lo posible para lograrlo. Yo buscaba ser feliz.

Ya no me queda nada que esperar aquí, y lo que resta es posible encontrarlo en cualquier parte. Me voy a Europa, adonde nadie se fija si estoy sola o acompañada, ni pregunta mi estado civil y, lo que es más importante, no conocen mi historia.

¿Que el país se va a pique por el derroche? ¿Que hay crisis económica? Tengo dinero y no es mi culpa, de alguna manera contribuí para que las cosas resultaran mejor. En esta ciudad he visto de todo: cabezas clavadas en pica, personajes siniestros rondando mi casa; sufrí el exilio de mis hombres y después, también con ellos, gocé del poder. Alabaron mi inteligencia, hasta me escucharon pero, muerto el rey, perdón, en este caso los reyes...

Por primera vez y en forma totalmente consciente voy a esperar y de la mejor manera posible algo que me pertenece sin ninguna duda, que me corresponde y que tengo la certeza de que va a llegar: la muerte.

¡Adiós, Buenos Aires! Hasta más ver. Me voy.

CAPITULO II

"Creo que es posible hacer el sacrificio de no casarse, pero no el de casarse con quien no se ama."

Carta de Aurelia Vélez a
María Carranza,
París, 23 de mayo de 1900.

Durante los primeros meses de 1852 las horas en Buenos Aires se sucedían con vértigo. El ritmo cansino que amodorró a la ciudad durante el último tiempo del gobierno de Rosas, se sacudía, ahora, con el regreso de los emigrados al país, las discusiones políticas en las calles y las plazas, la aparición de nuevos diarios y las polémicas de sus redactores que, cada día, se enfrentaban a través de sus artículos.

El hogar de los Vélez Sarsfield se convirtió en un hervidero, y Aurelia asistía entusiasmada al nacimiento de un nuevo país. En plena adolescencia, se transformó en una especie de esponja que absorbía cada frase de *El Nacional*, el periódico que dirigía su padre y el que, desde su primera edición, se propuso acompañar el nacimiento de la organización del país.

Todo estaba por hacerse en la Argentina de aquellos años: los caminos, las escuelas, los tribunales, las leyes, la Constitución... Había que inventarle el alma a una nación que, después de tanto enfrentamiento, tenía el cuerpo enclenque.

Aurelia contaba con el privilegio de escuchar en su propia casa las discusiones que sobre estos temas sostenían, entre otros, Bartolomé Mitre, Sarmiento, Carlos Tejedor y su primo, Pedro Ortiz Vélez, que ahora se había instalado definitivamente en Buenos Aires y que solía aportar a estas reuniones, además de su pensamiento, ese particular sentido del humor que lo hacía un hombre tan atractivo.

Pedro tenía treinta y seis años, se había graduado en medicina en la Universidad de Chile y era un militante de las ideas unitarias. Había sido uno de los iniciadores del Movimiento Nacional de Organización de la Política durante el gobierno de Rosas, y en dos oportunidades había sufrido la cárcel en Mendoza por ese motivo.

Es el mismo Sarmiento el que traza una semblanza de Ortiz Vélez en su *Campaña del Ejército Grande* y dice de él: "Lleno de fe en los principios, negligente en sus maneras, hábil y entendido en su profesión, tiene un carácter festivo, inclinado a la burla, y una propensión a reír que lo hace un compañero envidiable y un enemigo temible".

Cuenta que en Mendoza, Pedro "tomó entre ojos a Irigoyen en el auge de su influencia como agente de Rosas; creo que se mezclaban en ello rivalidades de elegancia; ello es que el doctor Ortiz sufrió dos prisiones con sus correspondientes barras de grillos, y la última con causa, por una carta que yo le habría escrito, que no era de mi letra, que jamás le escribí, ésta ni ninguna otra, y el doctor, negando la acusación, recusando como forjado el cuerpo del delito, fue condenado aunque no estaba probado el hecho, decía la sentencia, a ocho años de destierro en Buenos Aires,

Daguerrotipo de Justo José de Urquiza. Su entrada a Buenos Aires vistiendo poncho federal provocó el rechazo de los porteños.

con lo cual Irigoyen quedó pacífico poseedor del prestigio de elegante en las tertulias".

Sarmiento remata la historia de esta manera: "El doctor Ortiz fue, pues, a cumplir su condena a Buenos Aires, donde se encontraba más tarde, en los salones de Manuelita, con Irigoyen, a quien continuaba haciéndole muecas, y haciéndolo tirar piedras por su elegancia, que Pedro hallaba de mal género, y entre una visita y otra a Palermo, se embarcó para Entre Ríos y tomó las armas".

Igual que Dalmacio, Pedro integraba ahora la nómina de candidatos a diputados para la Sala de Representantes de la provincia conformada con los nombres más destacados en el derecho, la medicina, el Ejército, la Iglesia, la ganadería y el comercio, que aspiraba a imponerse a la lista de Urquiza, a quien los porteños miraban con desconfianza, después de su entrada en la ciudad con un poncho federal al hombro y, sobre todo, luego de que otra vez decretara como obligatorio el uso del cintillo punzó de Rosas.

Al final, Sarmiento tenía razón. Con el afán de uniformar los sombreros con el distintivo rojo, el único logro de Urquiza fue dividir las opiniones. Y ni Vélez Sarsfield, ni Mitre, ni Ortiz pudieron convencer al sanjuanino para que se quedara en el país. Prefirió marcharse a Chile antes que ponerse la "repugnante" cinta colorada. El extremismo de Sarmiento en sus convicciones causó una fuerte impresión en Aurelia.

Las elecciones del 15 de abril de 1852 fueron todo un acontecimiento para Buenos Aires. Hacía veinte años que no se celebraban comicios libres en la ciudad, y éstos lo fueron bastante porque, muy a pesar de Urquiza, triunfó la lista unitaria.

Esa noche hubo fiesta en la casa de los Vélez Sarsfield, porque Dalmacio resultó electo por la décima sección, y Pedro por la novena, que abarcaba los partidos de Lobos, Monte, Navarro, Saladillo y Veinticinco de Mayo.

La Legislatura se instaló el 1º de mayo, y poco después proclamó por mayoría al doctor Vicente López —el autor del Himno Nacional— como gobernador y capitán general de la provincia de Buenos Aires, en una concesión a Urquiza, porque el candidato de los unitarios era Valentín Alsina. Desde ese día Aurelia vio a su padre encerrarse cada mañana en su estudio donde leía sin tomar un solo apunte y, por la tardecita, partir hacia la Sala para regresar, entrada la noche, con las pruebas taquigráficas de su discurso bajo el brazo, las que luego se acumulaban en su escritorio. Nunca las corregía y tampoco las devolvía para ser publicadas en los diarios de sesiones.

Al día siguiente, por *El Nacional*, Aurelia se

enteraba sobre qué tema había hablado su padre en el recinto puesto que, voluntariamente o porque los diputados requerían su opinión, en muy pocas sesiones Vélez Sarsfield permaneció callado. Es que era el hombre más experimentado en jurisprudencia del país, el único de la Sala con experiencia legislativa y, muy pronto, demostró también sus dotes de excelente orador.

Algunas noches, que cada vez eran más frecuentes, Dalmacio recorría las pocas cuadras que separaban la Legislatura —ubicada en la actual Manzana de las Luces— hasta su casa, acompañado de su sobrino, Pedro, con quien continuaba durante la cena las discusiones de la Sala.

Y cuando Aurelia escuchaba la puerta de entrada corría a espiar el patio para ver si la sombra de su primo se reflejaba detrás de la de su padre. Pedro era tan apuesto y elegante, y además tan divertido, que cualquier situación le venía bien para largar la carcajada. Por otra parte, sus maneras informales parecían más graciosas frente a la adustez de Dalmacio. Pero también era un excelente médico, reconocido en la sociedad porteña. Con motivo de la reorganización de la Universidad, acababan de nombrarlo miembro de la Comisión Investigadora de certificados de estudios otorgados durante el gobierno de Rosas, y recibió el nombramiento de profesor de filosofía en el Departamento de Estudios Preparatorios.

Pedro solía acordar, en términos generales, con el pensamiento de su tío, pero no temía expresar sus disidencias, ni en la Sala ni en su casa. Cuando Dalmacio, basándose en una ley de 1839, entre otras, presentó el proyecto de prohibir la venta de bienes raíces de propiedad pública hasta que se dictara una norma sobre la materia, el diputado Ortiz no dudó en cuestionarlo por citar en su proyecto "leyes contradictorias e inmorales" sancionadas durante la época de Rosas.

Sin embargo, la firma del Acuerdo de San Nicolás, el 31 de mayo de 1852, los encontró juntos en la oposición a ese tratado, al lado de Mitre y Alsina, y tanto Pedro como Dalmacio cumplieron un papel histórico en aquel debate, luego del cual Buenos Aires permaneció separado del resto del país durante diez años.

Todo comenzó cuando, cuatro días después de la firma del Acuerdo, los legisladores de Buenos Aires y el pueblo en general se enteraron, por medio del oficialista diario *El Progreso*, de que los gobernadores reunidos en San Nicolás no sólo habían decidido la convocatoria a un Congreso Constituyente en Santa Fe, sino que habían acordado que, hasta que la Constitución fuera sancionada, se le entregaba a Urquiza

Dalmacio Vélez Sarsfield. En 1852 fue elegido legislador para la Sala de Representantes de Buenos Aires.

el título de Director Supremo de la Confederación Argentina, con la facultad de mando de las fuerzas militares de todas las provincias, el manejo de las relaciones exteriores, la reglamentación de la navegación de los ríos, las rentas fiscales, la administración de correos, los caminos públicos... En síntesis, mayor poder que el que nunca había detentado Rosas, al que ahora se lo calificaba de tirano.

Y aunque el Acuerdo contaba con la firma de doce gobernadores, incluido López por Buenos Aires, lo que los legisladores porteños cuestionaban era que no se lo hubiera sometido a la consideración de la Sala de Representantes, que tenía el derecho de aceptarlo, sugerir modificaciones o rechazarlo.

Nadie hablaba de otra cosa en la ciudad. En los salones, en el paseo, en el Teatro, en el mercado y en el Club del Progreso se comentaba que no podía ser otro el resultado de un acuerdo impulsado por Urquiza, que continuaba rodeado por los mismos que manejaban las provincias en los tiempos de Rosas.

En tanto, Aurelia debió de haber escuchado a su padre recordar que meses antes le había advertido a Urquiza, en persona, que en la reunión con los gobernadores sólo tenía que decidirse la fecha y la forma de la convocatoria al Congreso, porque aunque se juntase a la totalidad de los mandatarios provinciales, nunca tendrían las facultades legislativas para sancionar ningún tipo de leyes y menos de semejante alcance. De esta forma, Aurelia aprendía a distinguir las funciones de los distintos poderes en una república. Y no debió de ser tan fácil en aquella época, cuando se hacían los primeros ensayos, si todavía hoy, muchas veces, parece que aún sobreviviera esa misma dificultad. Por el deseo de construir el país lo más rápido posible, los gobernantes no se daban cuenta de que era importante cuidar los cimientos sobre los que iba a levantarse.

Por su parte, Pedro, con el antecedente de haber combatido junto al general entrerriano, repetía: "En nombre de la libertad se reunió el ejército y en ese nombre me uní a él hasta Caseros, e invocando el mismo nombre sagrado tenemos libertad: éste es el hecho consumado del que se debe partir, y no de los que tienden a enajenarnos estos mismos derechos, como si el poder de hecho no debiera estar cimentado en la ley".

La Sala de Representantes exigió al gobierno que concurriese al recinto para explicar la situación. En la sesión del 21 de junio de 1852, se inició el debate con la presencia de los ministros de Gobierno, Juan María Gutiérrez, de Hacienda, doctor Gorostiaga, y de Instrucción Pública, el doctor Vicente Fidel López —hijo del gobernador—, quienes debían defender el Acuerdo.

Los estudiantes, los hijos de los emigrados y la gente común concurrieron masivamente a la barra, llenando las galerías y amontonándose en la calle para seguir la discusión. El pueblo de Buenos Aires había elegido a sus representantes y exigía que se los respetara. Aplaudían o abucheaban según fuera el legislador o el ministro de gobierno que se opusiera o defendiera el Acuerdo.

Inició el debate el diputado Mitre. Habló luego el ministro Gutiérrez y siguieron otros. Pero fueron dos los legisladores que conmovieron particularmente a la barra. Uno fue Pedro quien, según *El Nacional*, "tuvo ocurrencias tan felicísimas, observaciones tan a propósito que el pueblo sofocado ante el arrebato que le inspiraba su elocuencia, arrastrado como de un vértigo, rompió en estruendosos aplausos, sin que nada bastase a contenerlo".

Tras cuestionar el Acuerdo en general, y refiriéndose a las facultades atribuidas a Urquiza, se preguntó: "Si llegase a abusar de ellas, ¿quién podría contenerle en su carrera?". El diputado Pico —que estaba a favor del Acuerdo— le respondió: "Nadie le seguiría". Pedro apeló una vez más al humor y le contestó: "Ya lo creo, porque correría como una máquina de vapor". La ocurrencia produjo un estallido de aplausos en la barra, y una larga agitación en la Sala y en las tribunas.

Una vez restituido el orden, Pedro cedió la palabra a su tío, el otro diputado que firmó el acta de defunción del Acuerdo por la contundencia con que refutó, uno a uno, cada artículo. Esa intervención hizo escribir, años después, a Nicolás Avellaneda: "No hay argentino que no haya oído hablar de este discurso, hoy célebre, y puede decirse que desde aquel día el doctor Vélez tomó posesión de la tribuna argentina para ser durante veinte años el primero de nuestros oradores".

Aurelia debió de emocionarse desde las primeras líneas con la disertación de su padre, sin sospechar que aquel párrafo tendría vigencia en muchas otras etapas de la historia argentina. Vélez Sarsfield inició su discurso diciendo: "Cuando un pueblo, señores, toma el más vivo interés en las discusiones parlamentarias, cuando se conmueve, se agita y parece que quiere dominar a los mismos poderes públicos, entonces ese pueblo es un pueblo libre. Pero cuando él ve en silencio disponer de sus más grandes intereses; cuando no le importan las resoluciones del cuerpo legislativo que van a variar su actual existencia y constituirle un nuevo orden social, puede asegurarse que se ve oprimido por algún poder superior".

En el final de su alocución, también pronunció palabras que en tantos otros momentos del país, tal vez, habrían cambiado el curso de los acontecimientos si la oposición hubiese adoptado una actitud similar: "... si el Acuerdo no fuese aprobado por la Sala, como lo espero, yo propondré los medios que puedan adoptarse para que cuanto antes aparezca organizada la Nación. He dicho".

Al día siguiente de aquel debate, Aurelia revivió las peores épocas del gobierno anterior porque, una vez más, vio partir a su padre y ahora también a Pedro, quienes por orden de Urquiza fueron encarcelados junto con Mitre, el doctor Irineo Portela y Manuel del Toro y Pareja —todos legisladores contrarios al Acuerdo— a bordo del vapor de guerra *Merced*, dándoles la libertad de "elegir el destino que mejor les pareciese" y que, por supuesto, fue Montevideo.

Vicente López presentó su renuncia. Urquiza asumió el gobierno de la provincia de Buenos Aires, clausuró la Legislatura, también los diarios opositores, y otra vez la ciudad respiró el agrio olor de la dictadura.

Pese al susto inicial, Aurelia casi no tuvo tiempo de extrañar a su padre, porque fueron pocos los días de separación. Aunque añoró bastante a Pedro.

En la mañana del 11 de septiembre Aurelia, igual que el resto de los porteños, se despertó sobresaltada por las campanas del Cabildo que no paraban de sonar, llamando a todos a la Plaza de la Victoria. Aprovechando el viaje de Urquiza a Santa Fe para inaugurar el Congreso Constituyente, había

Acuerdo de San Nicolás, 1852.

estallado una revolución encabezada por el general Pirán, bajo la inspiración de Adolfo Alsina que, sin disparar un solo tiro, restituyó en sus funciones a la Sala de Representantes y designó gobernador al general Pinto.

Tres días después, en el vapor *Paraná*, regresaban a la ciudad los diputados proscriptos, que fueron recibidos como los héroes "que vienen a sostener con su espada los principios de la libertad". De esta forma se iniciaba en Buenos Aires una nueva etapa que la mantendría separada del resto de la Confederación durante muchos años.

Para Aurelia el regreso de Pedro fue el comienzo de una nueva vida porque, tal vez con la distancia, empezó a darse cuenta de la atracción que sentía por él y, al mismo tiempo, que él le correspondía.

No hay datos ciertos acerca de cuándo Pedro y Aurelia contrajeron matrimonio, pero todo hace presumir que fue en los primeros meses de 1853. Hay autores que sostienen que se casaron contra la voluntad de Dalmacio; otros, que huyeron de su casa para luego legalizar la situación, pero todos coinciden en que, a los pocos meses, la pareja se separó abruptamente.

Respecto de la primera versión, cabe preguntarse por qué razón Vélez Sarsfield se opondría a esta unión. Podría responderse: porque eran primos, porque Aurelia sólo tenía diecisiete años, porque era mucha la diferencia de edad entre ambos. Sin embargo, todas estas condiciones eran habituales en la Argentina de aquel tiempo.

Sobre la segunda suposición, un allegado a los descendientes de Vélez Sarsfield señaló que, en verdad, la unión de Aurelia y Pedro fue forzada y terminó en tragedia. Ella habría quedado embarazada y, por lo tanto, se impuso un rápido casamiento. La pareja se trasladó a la quinta de Almagro y nadie pudo precisar lo que ocurrió con la criatura que se gestaba, ni tampoco asegurar su nacimiento.

Y sobre lo que los autores señalan como "separación abrupta", esta misma versión familiar cuenta que Aurelia se habría deslumbrado con el secretario de su marido y éste habría descubierto esa relación de manera bastante singular. Una noche, Pedro, al levantar la tapa de su reloj para consultar la hora, vio reflejado en el metal la imagen de su mujer que se abrazaba con el secretario en un rincón del cuarto contiguo. Cegado por los celos, tomó una pistola y lo apuntó. El hombre, desesperado, se escondió en un ropero que le sirvió de poca protección, porque Pedro disparó contra la puerta, las balas atravesaron la madera y acabaron con su vida. Luego, llevó a Aurelia a la casa de su padre para no volver a verla.

El diario *La Tribuna* —encarnizado opositor a *El Nacional*— confirma este relato y ofrece el nombre del amante de Aurelia. El 6 de diciembre de 1853 publica en la sección de Documentos Oficiales una resolución de la Sala de Representantes que afirma haber "comprobado el estado de demencia del diputado Dr. Don Pedro Ortiz Vélez al cometer homicidio en la persona de Don Cayetano Echenique, e innecesaria la formación de toda causa a este respecto". Seguidamente, declara vacante la banca del diputado y ordena convocar a elecciones para designar a otro que lo reemplace.

En el mismo periódico, pero una semana después, aparece la siguiente carta de Dalmacio Vélez Sarsfield en respuesta a otra del doctor Nicanor Albarellos, que aporta la fecha en que sucedió el crimen y que impresiona hoy por la ingenuidad y honestidad de su contenido:

Señor Dr. Albarellos

Muy Señor mío:

En un informe que he dado a la Policía sobre el suceso de la noche del 18, en casa de Ortiz, he dicho que él se acostó leyendo una novela, "El Marido Burlado", que usted le había prestado. Lo dije así, porque Ortiz al contarme el caso me lo refirió de esa manera, pero después D. Martín Piñero, me ha asegurado que ese libro era suyo, y que estaba en el cuarto de él, y que por tanto no era cierto que usted se lo hubiera prestado.

Tengo el gusto de hacer esta rectificación para satisfacción de usted y de ofrecerme su más atento servidor.

Dalmacio Vélez Sarsfield
Su casa, noviembre 22 de 1853

Sin dudas, Pedro no estaba loco. El Diario de Sesiones de la Sala da cuenta de sus intervenciones legislativas hasta poco tiempo antes. Su nombre aparece en una nómina de ciudadanos ilustres, junto al coronel Mitre e Ireneo Portela, patrocinando una lista de candidatos para la renovación de la Legislatura, y hasta el Batallón N°3 de Línea había parado frente a su casa luego de pasar por la de Alsina y la de Dalmacio para tocar una marcha en su honor en el primer aniversario de la revolución del 11 de septiembre.

Puede presumirse que la declaración de demencia por parte de los legisladores fuera para salvarlo de un proceso judicial y de la cárcel por homicidio. Y también a Aurelia, porque las leyes vigentes castigaban con dos años de prisión a la mujer que cometía adulterio.

Al poco tiempo, Ortiz partió hacia Chile y no se supo más de él. Nadie en Buenos Aires volvió a nombrarlo. Incluso en la correspondencia entre Sarmiento y Mitre, donde la mención a Ortiz era frecuente, nunca más volvieron a referirse a él a partir de ese momento. Como una suerte de pacto de silencio general.

En cuanto a Aurelia, se quitó el apellido de su marido y no volvió a usarlo, ni siquiera cuando redactó su testamento setenta años después.

Algunos autores, confundiendo los años, atribuyen la separación de Aurelia y Pedro a los amores de ésta con Sarmiento. Pero, por ese tiempo, Aurelia estaba muy lejos del sanjuanino. Le bastaba con el dolor del fracaso de su matrimonio, la tragedia en la que se había visto envuelta y que, tal vez, había provocado, y la condena social que desde aquellos años se acostumbró a soportar.

Lejos de esconderse, se quedó en casa de su padre y empezó a desempeñarse como su secretaria. Fue allí donde se encontró con Sarmiento, el hombre al que iba a amar hasta el fin de sus días, también a pesar del escándalo y de las habladurías. Porque Aurelia se enamoró de una de las personalidades más notorias y polémicas de su época quien, al igual que ella, también estaba casado.

Juntos desafiaron las rígidas costumbres de aquel tiempo y protagonizaron una historia de amor que duró treinta años.

La Exposición Internacional se inauguró hace más de un mes pero todavía no está concluida. Los países compiten para lograr el castillo más deslumbrante, una forma de demostrar su poder a través del lujo. Y lo consiguen. Esto es como una ciudad encantada, al borde del Sena, y construida en menos de un año.

Me duelen las piernas y todavía hay mucho por andar. Se hace difícil moverse entre tanta gente. En el hotel se comentaba hoy que esperaban a más de trescientas ochenta mil personas, ¡casi la mitad de los habitantes de Buenos Aires!

No estoy habituada a las muchedumbres, más bien me asfixian, pero me maravilla caminar horas sin encontrar a alguien conocido, de los muchos desagradables, claro. Lástima que este placer ya se acaba. Sé que están aquí varios de los que no quiero ver.

Tardaré días en recorrer esta cantidad de pabellones. Bendito al que se le ocurrió inventar esta alfombra mágica, una cinta que transporta a los visitantes con solo pararse sobre ella. ¡Qué alivio para mis piernas y para mi espíritu! Por unos momentos me sentí la protagonista de un cuento. Ni cuando era niña, que solía fantasear con reyes, castillos y lagos encantados —y de esto hace bastante— imaginé que algo así podía existir.

Al finalizar el paseo todavía me parecía caminar suspendida entre las fuentes y jardines. De pronto, un hombre de apariencia atildada pero con gestos torpes por demás, enganchó mi sombrilla al punto de hacerme tropezar, devolviéndome en forma odiosa a la realidad. Mientras me pedía disculpas en un fran-

cés aporteñado, para colmo, y al mismo tiempo me pisaba haciéndonos bajar las escaleras a los tumbos, divisé a Alcira y a Sofía que no paraban de reírse de tan ridícula escena.

Hacía tiempo que no las veía y me alegró encontrarlas. Ellas eran de las pocas que no se espantaban con mi historia. Después de los saludos, nos reímos juntas de la embestida del compatriota. Elegimos tomar el té en los jardines del pabellón de Siam, en medio de pagodas de varios pisos, tan perfectas como las miniaturas que adornan mi repisa.

Sofía estaba entusiasmadísima con asistir a una cena con los argentinos que se encuentran aquí. Serán unos quinientos, y lo peor, todos juntos.

—Supongo que vendrás, estará lo mejor de Buenos Aires —me dijo.

—¿Lo mejor? Es justamente la gente que no quiero ver.

—Siempre tan terminante, y ahora ¿con quién te peleaste?

—No es eso. Me tienen harta con sus habladurías. Me enteré de que andan diciendo que no se sabe en qué lugar me alojo aquí y que oculto el nombre del hotel porque vaya a saber quién me acompaña. Me alejo de Buenos Aires para no sufrirlos y no voy a cenar con ellos en París —respondí dando por cerrado el tema.

Sofía no entiende nada que supere los últimos modelos y la pavada de codearse con gente supuestamente importante, cuya notoriedad sólo pasa por el bolsillo, porque de lucidez ni hablar. Si no charlan de vacas se ocupan de la vida de los otros, sobre todo de la mía. Siempre en pose porque "hay que salvar las

47

apariencias". Hipocresía en mi idioma, que yo siempre me negué a practicar. Y ahora me lo hacen pagar.

¡Gente importante a mí!... Nuevos ricos o ricos decadentes con nada en la cabeza y con la lengua bastante suelta. No, de ninguna manera cenaré con ellos.

CAPITULO III

*"Te amo con todas las timideces de una ni-
ña, y con toda la pasión de que es capaz
una mujer. Te amo como no he amado
nunca, como no creí que era posible amar."*

Carta de Aurelia Vélez
a Sarmiento, 1861.

Luego de Caseros, Sarmiento se alejó del país rumbo a Río de Janeiro. Poco después regresó a Chile donde vivía su mujer, Benita Martínez Pastoriza, viuda de Castro y Calvo, con la que se había casado en Santiago el 19 de mayo de 1848 y con quien tres años antes había tenido a su hijo Dominguito. En aquel momento Benita contaba con veintiséis años y Sarmiento con treinta y siete.

Pese a que Dominguito figuraba como hijo adoptivo de Sarmiento y fruto del primer matrimonio de Benita, todo indica que el niño era hijo carnal de ambos, concebido en 1845 en relaciones extramatrimoniales mantenidas en vida de Castro y Calvo, que para alivio de los amantes también se llamaba Domingo F. Este le llevaba cuarenta años a Benita, además de ser su tío.

Sofía Lenoir de Klappenbach, una sobrina nieta de Sarmiento, afirmaba sobre Benita: "Era una mujer que si bien no podía considerarse como una perfecta belleza, era lo que se llama una mujer hermosa, alta, esbelta, de modales distinguidos, muy sociable e inteligente y con gran cultura", a la que Sarmiento llamaba cariñosamente "la fea".

Había heredado de su primer esposo una respetable fortuna y una quinta en Yungay, un barrio ubicado en las afueras de Santiago de Chile, "con jardines emparrados, galerías y una chimenea en la que ardían gruesos troncos de leña". Allí se instaló el flamante matrimonio con Dominguito y, poco después, también doña Paula Albarracín, la madre anciana de Sarmiento, y Ana Faustina, una hija nacida dieciséis años antes de una relación amorosa que el sanjuanino había mantenido con María Jesús del Canto, alumna de la escuela de Los Andes donde se había desempeñado como maestro durante su primer destierro en Chile.

Los primeros años del matrimonio fueron felices. Benita se interesaba por la obra de su marido, que en aquel lugar escribió *Educación popular*, *Viajes*, *Argirópolis*, *Recuerdos de provincia*, además de fundar el diario *La Crónica* para combatir a Rosas, quien por entonces dominaba la Confederación. Y también se esmeraba por hacer feliz a aquel hombre tempestuoso, apasionado, de humor cambiante y bastante poco fácil de abarcar.

Una carta remitida a Mitre reseña el estado de ánimo de Sarmiento por aquellos años: "¿Se acuerda de mi poltrona y de mi apego al fueguito, al quietismo y al silencio, cuando la pasión no me inspira palabras como un torrente impetuoso, escritos como catapulta, actos como poseído del diablo? De todo esto gozo, mi querido amigo, en mi alegre prisión de Yungay". Pero enseguida agrega: "Para qué he de mentir y hacer el Cincinato. Rasguño la silla en que estoy sentado; tallo la mesa con el cortaplumas, y me sorprendo mordiéndome las uñas. Es la tranquilidad, como usted ve, del mar, del perico ligero, de la pólvora que está lejos de la llama. Sin embargo, si me tentaran a volver a la vida que ansío, haciendo a las circunstancias concesiones que repruebo, me iría a California a recoger oro en los lavaderos de las montañas nevadas".

Para Benita no debió de haber sido nada simple convivir con Sarmiento, sobre todo si a su espíritu tumultuoso se le suma su especial afición a las mujeres. Sobre este tema la sobrina nieta decía: "Aunque mi tío no era un tenorio, tampoco se puede asegurar que fuese un santo a ese respecto". Pero también sostenía que, en verdad, Benita era muy celosa, tanto que "llegó a constituir para ella algo así como una enfermedad. Un simple saludo que mi tío hiciera a alguna dama al cruzarse en un paseo, o bien la acción de dirigir los gemelos a un palco en la sala de un teatro, eran motivos suficientes para que de inmediato se promoviese la reyerta conyugal".

Y con el recuerdo de los dichos de su abuela Procesa, hermana de Sarmiento, declaraba: "Claro es que la mayor parte de las veces era completamente infundada la actitud de doña Benita, y así lo reconocía ella misma con lágrimas en los ojos en las confidencias que tenía con mi abuela; pero a pesar de los buenos y sanos consejos de su cuñada, doña Benita olvidaba sus propósitos de enmienda y volvía a las andadas, pues, según decía, le era absolutamente imposible contenerse".

Sin embargo, algo contribuía Sarmiento para que la celosa Benita no pudiera enmendarse. El 23 de octubre de 1854 le escribe a Mitre: "¡Cuán feliz debe ser su esposa! Yo no he dado a la mía hasta hoy sino penas que devorar".

En realidad, lo que más le pesaba a Sarmiento era estar lejos del centro donde se producían los acontecimientos que conmovían al país. Había que organizar la Nación y él se lo estaba perdiendo. En 1853, en Santa Fe, se había sancionado la Constitución Nacional con la ausencia de Buenos Aires. Urquiza acababa de ser proclamado presidente de la Confederación Argentina y había fijado la sede del gobierno en Paraná. En tanto, Pastor Obligado gobernaba a los porteños y Mitre integraba la Legislatura de Buenos Aires que sancionara su propia Constitución, además de desempeñarse como jefe de Estado Mayor del Ejército encargado de mantener alejadas a las tropas de la Confederación que intentaban de todas formas someter por la fuerza a la provincia rebelde.

"Ustedes —le dice a Mitre— viven en las agitaciones del foro, de la tribuna, de la prensa y del campo de batalla, viven, que eso es vivir. Yo muero aquí, corroído en la inacción por los tormentos del espíritu, sabiendo las cosas tarde, haciendo esfuerzos de estudio y de intuición para adivinarles casi; y todo esto bajo el látigo de Alberdi y los demás intrigantes, devorando toda clase de disgustos, sin intereses personales en la contienda, y viendo salir con los pobres productos de mi esfuerzo intelectual gruesas sumas de dinero, sacrificadas sin gloria, sin placer, sin recompensa y acaso sin fruto."

Con ese estado de ánimo es que Sarmiento decidió trasladarse a Buenos Aires. El 14 de julio de 1855 ingresó en el diario *El Nacional*, para reemplazar a Mitre, ahora ministro de Guerra. Fue Vélez Sarsfield el que le abrió a Sarmiento las puertas de la ciudad y el que le dio un fundamental impulso a su vida pública. Según Chaneton, "el genio de Sarmien-

to maduró a su lado. Muchas de las actitudes y frases posteriores de éste, no son más que el eco amplificado de las lúcidas previsiones de Vélez".

Pero además, Dalmacio, sin proponérselo, le cambió la vida porque facilitó el encuentro con su hija Aurelia, y desde que éste se produjo nada volvió a ser igual para ninguno de los dos.

Aurelia, de diecinueve años, hacía ya dos que vivía en casa de su padre y, al revés de Sarmiento, ella sí estaba en el centro de los acontecimientos. Había acompañado a Dalmacio asistiéndolo como secretaria y lo había visto reorganizar la Casa de la Moneda, transformándola en el Banco de la Provincia de Buenos Aires. Lo había escuchado explicar el papel de los bancos en la economía de los países, que no debían funcionar como la tesorería del gobierno, y se asombraba de la tozudez de algunos dirigentes que no comprendían la importancia del ahorro particular y, sobre todo, que el gobierno no pudiera disponer de los fondos sin autorización de la Legislatura.

Desde el 1º de enero de 1855, Vélez Sarsfield se desempeñaba como asesor del gobierno de Buenos Aires y debía dar dictámenes sobre los más diversos temas, desde el derecho a la posesión de tierras hasta la prohibición de venta de billetes de lotería de Montevideo; desde la libertad de industria hasta la sepultura de un suicida. Era tanta su tarea que en un solo mes se pronunció sobre ciento veintiséis expedientes, en un "trabajo insostenible si continúa así aun para el hombre más laborioso", se quejó Dalmacio ante el gobernador. Este cargo era muy importante, tanto, que luego del sueldo del gobernador, los ministros y el presidente del Superior Tribunal de Justicia, seguía el del asesor de gobierno, cuya tarea era tapar los agujeros legales e institucionales que hacían difícil la resolución de los conflictos que se suscitaban a cada rato.

Fue en su carácter de asesor que Vélez Sarsfield se trasladó a Paraná, en enero de 1855, donde logró firmar un acuerdo que evitó una guerra entre Buenos Aires y la Confederación. Aurelia lo recibió a su regreso triunfante y tuvo el privilegio, seguramente envidiado por los periodistas de la época, de conocer los entretelones de las negociaciones con Urquiza. "Tomé yo el primero la palabra —contó Dalmacio— y después de exponer las miras amistosas de Buenos Aires y sus deseos de organización nacional, levanté mi voz y con vigor y fuerza acaso abusivo de la tolerancia de los hombres que me escuchaban, les dije que ellos habían perdido nuestra patria por sus ataques a fuerza armada a la provincia de Buenos Aires; por las continuas invasiones que nos habían mandado; por el desconocimiento absoluto de los derechos de los hombres y de los pueblos. Que ellos despedazaban la República creando una nación desde El Arroyo del Medio adelante; los cargué con toda la responsabilidad de la ruina en que se hallaba envuelto nuestro país y que seguiría por la condición que encerraba la Constitución de no poder ser reformada hasta 1863."

Aurelia debió de haberse puesto nerviosa imaginando a su padre decir todas estas cosas frente al general que todos temían, y luego orgullosa con el final del cuento: "Los ministros se miraban con asombro, creyendo que de un momento a otro me impusiera silencio el general Urquiza. Cuando acabé, él les dijo que estaba muy conforme con las ideas del doctor Vélez. Al día siguiente, el doctor Derqui —ministro del gobierno de la Confederación— y yo, solos en su ministerio, arreglamos el largo tratado".

Esta fue la mujer que conoció Sarmiento. La que aprendía escuchando a su padre y estaba acostumbrada a hablar en las tertulias de la necesidad de construir ferrocarriles, de que la agricultura no era incompatible con la ganadería, del beneficio de vender algunas tierras públicas para construir escuelas.

El historiador Fariña Núñez la describe como "una mujer moderna, inquieta, andariega, del tipo de las mujeres de Sarmiento, hecha a imagen y semejanza del formidable civilista. Había heredado de éste la serenidad del luchador. Era como era, altiva, orgullosa, gauchesca, femenina sin ser afeminada".

Hasta esta investigación, nunca se habían visto fotografías de Aurelia. César Guerrero, que le dedica un capítulo en su libro *Los amores de Sarmiento*, sostiene por dichos de María Navarro y Narciso Márquez, amigos de Aurelia, que ella solía romper sus retratos y que por esa razón sólo se conserva una fotografía "un tanto desteñida por el tiempo" que él publica. Porque no conocía su imagen, Ricardo Rojas la califica como una mujer "si no hermosa, de muy fino espíritu", y Bernardo González Arrili señala que Benita se amargó aún más por la relación que mantenía con su marido porque decía que Aurelia no era linda.

Sin embargo, las fotografías indican todo lo contrario. Aurelia era bella. Tenía rasgos delicados, grandes ojos con una mirada desafiante y un cierto dejo de ironía en la sonrisa. Su menuda contextura, por eso su apodo de "Petisa", contrastaba con la firmeza de su carácter, y sus modales distinguidos dejaban sin habla a más de un culto caballero por sus respuestas rápidas e ingeniosas.

Aurelia era linda y de una inteligencia fuera de lo común. Por estas dos razones, por lo menos, a Sarmiento no le costó mucho enamorarse de ella.

Otros autores también intentaron explicar la atracción que rápidamente surgió entre ambos.

Guerrero intenta fundamentar el deslumbramiento de Sarmiento y dice de Aurelia: "Su clara inteligencia, su grácil silueta y sus profundos conocimientos en asuntos políticos, fueron aditamentos más que suficientes para gravitar poderosamente en los principios del titán, haciéndolo torcer, muchas veces, ideas preconcebidas sobre tal o cual aspecto de su agitada vida. Aurelia Vélez debió poseer algún secreto mágico de ponderable efecto, capaz de hacer conmover moles como Sarmiento, de fuerte temperamento, hecho para resistir todos los vendavales".

Por su parte, Galván Moreno interpreta el sentimiento de Aurelia y dice: "Mujer de rara inteligencia, voluntariosa, apasionada, mimada de su padre, sobre el cual tenía bien marcado ascendiente, tuvo a gloria dejarse ganar por la admiración que le producían los escritos y las palabras de aquel hombre feo, de apariencia casi tosca, rudo, voluntarioso, imperativo, todo un hombre en todo, y que, sin embargo tenía un mirar de tan serena y triste dulzura, que se metía en su alma sin poderlo evitar".

Acerca de su propia apariencia física, al mismo Sarmiento le cuesta explicarse por qué las mujeres sentían tanta atracción por él. En uno de sus escritos reflexiona: "Extraño fenómeno... Desfavorecido por la naturaleza y la fortuna, absorto desde joven en un ideal que me ha hecho vivir dentro de mí mismo, descuidando no sólo los goces, sino hasta las formas convencionales de la vida civilizada; desde mis primeros pasos en la vida, sentí casi siempre al lado, una mujer, atraída por no sé qué misterio, que me decía, acariciándome 'adelante, llegarás'".

Efectivamente, ésta fue la actitud de Aurelia, siempre detrás, empujándolo, dándole ánimos, seguramente enamorada de lo que él describe de sí mismo: "Debe haber en mis miradas algo de profundamente dolorido que excita la maternal solicitud femenina. Bajo la ruda corteza de formas desapacibles, la exquisita naturaleza de la mujer descubre, acaso, los lineamientos generales de la belleza moral, ahí donde la física no la demuestra".

En otro párrafo Sarmiento se pregunta: "¿Por qué una beldad ama a un hombre feo?", tratando de explicarse por qué una mujer como Aurelia, veinticinco años menor, lo había elegido a él, que en ese momento tenía cuarenta y cuatro. Y se responde: "Porque lo ve oprimido y sale valientemente a la defensa. Una mujer es madre o amante, nunca amiga; aunque

59

Sarmiento se radicó en Buenos Aires en 1855.

ella lo desee, si puede amar, se abandona como un don o un holocausto. Si no puede, física o moralmente, protege, vigila, cría, alienta, guía".

Aurelia lo amaba y aunque, como se verá enseguida, Sarmiento intentó desesperadamente apelar a la amistad, ella confirmó sus pensamientos y le dijo: "Ni madre, ni amiga, elijo ser tu amante".

Sarmiento tardó dos años en trasladar a su familia desde Chile a Buenos Aires. En ese tiempo fue designado concejal, Jefe del Departamento de Escuelas, senador por San Nicolás de los Arroyos, y se había acostumbrado a frecuentar con libertad la casa de los Vélez Sarsfield. La presencia de Benita en la ciudad le complicó la vida no sólo porque le impedía su relación con Aurelia, sino porque lo atormentaba con sus celos, ahora con fundamento. En 1857, Sarmiento le escribe a su amigo Aberastain en San Juan: "Benita está enferma y muy débil".

Existen pocos testimonios sobre el inicio de las relaciones de Aurelia con Sarmiento, incluso, por varias razones, algunos de sus biógrafos tratan con eufemismos esta etapa de su vida. Tal es el caso de Leopoldo Lugones, cuya obra sobre Sarmiento fue publicada en 1911, cuando Aurelia aún vivía; por eso él escribe: "trátase de personas tan inmediatas a nosotros, que no han pasado todavía a ser puramente históricas, constituyendo esta circunstancia una desautorización para proceder a investigar su vida privada con el rigor necesario, si ello fuera menester". Otro motivo es el pudor con que hasta no hace mucho tiempo los historiadores trataban la vida privada de los próceres y evitaban, sobre todo, referirse a relaciones al margen de las buenas costumbres morales. Incluso Manuel Gálvez, que en 1945 se atreve a abordar este aspecto de la vida de Sarmiento, veremos más adelante de qué modo se refiere a este amor.

Otros autores prefieren definir esa relación como "amor platónico" o "simpatía intelectual". Lo cierto es que hay documentos y hechos que prueban que se amaron y que debieron vencer contradicciones internas y enfrentar, luego, las consecuencias sociales de su decisión.

A fines de 1859 o principios de 1860 Sarmiento le escribe a Aurelia la siguiente carta:

> He debido meditar mucho antes de responder a su sentida carta de usted, como he necesitado tenerme el corazón a dos manos para no ceder a sus impulsos. No obedecerlo era decir adiós para siempre a los afectos tiernos y cerrar la última página de un libro que sólo contiene dos historias interesantes. La que a usted se liga era la más fresca y es la última de mi vida. Desde hoy soy viejo.
>
> Acepto de todo corazón su amistad que será más feliz que no pudo serlo nunca un amor contra el cual han pugnado las más inexplicables contrariedades. Hoy se añaden peligros para usted sola; y aquella "afirmativa" con que la amenazaron, la darían los que

no la comprenden, y esto por mi causa, y por agentes que pueden salir de mi lado. Los que tanto la aman no me perdonarían haberla expuesto a males que no me es dado reparar. Ante esta responsabilidad, todo sentimiento egoísta debe enmudecer de mi parte, y con orgullo puedo decírselo, han enmudecido.

Cuando esté su corazón de usted tranquilo en el puerto, contemplaremos como se lo dije el otro día, la mar serena y hablaremos sin temor de los escollos con que hubimos de estrellarnos.

Me acojo a la amistad que me ofrece, y que la creo tan sincera como fue puro su amor. En pos de pasiones que nos han agitado hasta desconocernos el uno al otro, es una felicidad que el cielo nos depara, salvar del naufragio, y en lugar de aborrecernos cuando ya no nos amaremos, poder estimarnos siempre. Solo así gozaremos de la felicidad que hemos buscado en vano.

No conservo resentimiento alguno, por los últimos incidentes que han turbado nuestras relaciones. No tenía usted el poder de herirme. Y cuando me entregaba al papel que contenía la explosión de desahogos no motivados, leí en sus ojos que nada había quedado en su pecho.

Me siento aliviado de un gran peso, y creo que quedará usted lo mismo al leer esta carta; y así como cuento con ser creído en los motivos y los fines, cuento con que la generosidad de sus sentimientos le hará dejar toda sugestión de amor propio, que en manera alguna está interesado.

Me ha presentado usted dos caminos para llegar de nuevo a su corazón y he tomado el que menos dificultades para usted traería; pues que no son las espinas las que me arredran a tomar el otro. Cuando pueda le daré el beso en la frente, que para este caso, le tenía ofrecido.

Sarmiento

Pese a que Sarmiento apela al remanido recurso masculino de decirle adiós "por su bien", la carta conmueve por su delicadeza y por sus contradicciones, además de la mención a las amenazas que había recibido Aurelia y que seguramente venían de Benita.

En una descripción que diez años después Sarmiento hace de su mujer la define como "un volcán de pasión insaciable, inextinguible, el amor en ella era un veneno corrosivo que devoraba el vaso que lo contenía y los objetos sobre los cuales se derramaba. ¡Dios le habrá perdonado el mal que me hizo, por el que se hizo a sí misma, por el exceso de su amor, sus celos y su odio!". Parece que Benita era bien capaz de amenazar, pero ¿con qué argumentos? Es posible pensar que Aurelia contaba con un pasado lo suficientemente complicado como para convertirse en una destinataria fácil, por lo menos, de las habladurías.

Por otro lado, a Sarmiento le pesaba su amistad con Vélez Sarsfield, aunque, como se verá luego, Dalmacio no parecía nada contrariado por esta relación.

A fines de 1861, Mitre, por entonces gobernador de Buenos Aires, vencedor de Urquiza en la batalla de Pavón y, en consecuencia, único candidato a la presidencia de la República, envió a Sarmiento a San Juan para solucionar la crisis producida luego del fusilamiento de Aberastain.

Sin dudar del interés de Sarmiento por su provincia natal e incluso de su dolor por el asesinato de su amigo de la juventud, todo hace suponer que aprovechó esta circunstancia para poner distancia de Buenos Aires, donde su mujer no dejaba de atormentarlo.

Fue en esta oportunidad que Aurelia le escribió una carta que demuestra que aquellas "buenas intenciones" de Sarmiento no dicron resultado y que ni las amenazas, la moral o las amistades familiares pudieron detener la pasión desatada entre ambos.

Aurelia le escribe:

Estoy pasando días horribles con tu retiro, es preciso que esto acabe. ¿No son bastantes los obstáculos que el destino y la sociedad ponen a nuestro amor? ¿Y hemos de tratar de hacernos pesada nuestra situación con dudas y desconfianzas indignas de nosotros? Haya paz entre nosotros, y sobre todo confianza. Yo la he tenido absoluta en ti, y no es sin razón que lo exija para mí.

Tal vez crees tener razón para estar resentido, y aunque a primera vista parezca, no la hay. Te he escrito todos los días que tú no me has escrito, he tenido la carta entre mis manos pero una invencible timidez ha hecho que no encuentre momento a propósito para dártela. ¿Creerás o más bien comprenderás lo que por mí pasa? Yo misma no lo comprendo bien.

Te amo con todas las timideces de una niña, y con toda la pasión de que es capaz una mujer. Te amo como no he amado nunca, como no creí que era posible amar. He aceptado tu amor, porque estoy segura de merecerlo. Solo tengo en mi vida una falta y es mi amor por ti. ¿Serás tú el encargado de castigarla? Te he dicho la verdad en todo. ¿Me perdonarás mi tonta timidez? Perdóname, encanto mío, no puedo vivir sin tu amor.

Escríbeme, dime que me amas, que no estás enojado con tu amiga que tanto te quiere. ¿Me escribirás, no es cierto?

¿A qué cuestionamientos se refiere Aurelia en esta carta? Si se desconociera la personalidad de Sarmiento podría pensarse que, tal vez, aludiera a su infidelidad con Pedro Ortiz. Sin embargo, como en tantas otras cuestiones, Sarmiento tenía ideas muy progresistas para la época respecto del rol de la mujer en la sociedad, del amor y del matrimonio.

En una carta que le envió años antes a un primo que estaba por casarse, expresa algunos de estos pensamientos que resultan poco convencionales.

"No creo en la duración del amor —dice— que se apaga con la posesión... Parta usted, desde ahora, del principio de que no se amarán siempre. Cuide usted, pues, cultivar el aprecio de su mujer, y de apreciarla por sus buenas cualidades. Oiga usted esto, porque es capital. Su felicidad depende de la observancia de este precepto."

Luego agrega: "Cada nuevo goce, es una felicidad perdida para siempre. Cada favor nuevo de su mujer, es un pedazo que se arranca al amor. Yo he agotado algunos amores, y he concluido por mirar con repugnancia a mujeres apreciables, que no tenían a mis ojos más defectos que haberme complacido dema-

Dominguito
Sarmiento.

65

siado. Los amores ilegítimos tienen eso de sabroso, que siendo la mujer más independiente aguijonea nuestros deseos con la resistencia".

No, nada indica que los reproches de Sarmiento se refirieran al matrimonio frustrado de Aurelia, y más bien este texto subraya que la independencia era para él una virtud. Esta pudo haber sido una de las razones por las cuales amó a Aurelia hasta su muerte. Por su parte, a ella este otro consejo de Sarmiento a su primo debe de haberle conquistado definitivamente el corazón:

> Deje a su mujer cierto grado de libertad en sus acciones y no quiera que todas las cosas las haga a medida del deseo de usted... Una mujer es un ser aparte, que tiene una existencia distinta de la nuestra. Es una brutalidad hacer de ella un apéndice, una mano para realizar nuestros deseos.

Sobre estas ideas atípicas para la época Aurelia y Sarmiento construyeron una relación en la que, por supuesto, no faltaron los enojos. En la carta anterior, ella se quejaba de los reproches de Sarmiento. En esta otra, escrita probablemente a principios de 1862, él también le cuestiona a ella los suyos.

> He recibido tu recelosa carta del 8 de diciembre, extrañando mi silencio y recordándome posición y deberes que no he olvidado.
>
> Tus reproches inmotivados me han consolado, sin embargo; como tú, padezco por la ausencia y el olvido posible, la tibieza de las afecciones me alarman. Tanto, tanto hemos comprometido que temo que una nube, una preocupación, un error momentáneo, haga inútiles tantos sacrificios.

Te quejas de no haber recibido en quince días cartas; y sobre este delito fraguas ya un ultimátum. Pero, ¿si no hubiese sido posible escribirte con seguridad? ¿No has visto que a tu padre, a tu madre, a alguien de los tuyos escribo para recordarte que mi alma anda rondando cerca de ti? ¿Y si esas cartas no se han recibido todas? ¿No temes que alguna tuya se perdiese?

La verdad es sin embargo que tu amiga me alarmó con las prevenciones que me hicieron temer un accidente, pues ella anda muy cerca de las personas en cuyas manos una carta a ti, o tuya, sería una prenda tomada.

He recibido tu primera carta, y una segunda en que me decías que no tenías voluntad de escribirme nada más. ¿Y con este capital crees que quedan justificados tus amargos reproches? Sé, pues, justa y tranquilízate. No te olvidaré porque eres parte de mi existencia; porque cuento contigo ahora y siempre.

Mi vida futura está basada exclusivamente sobre tu solemne promesa de amarme y pertenecerme a despecho de todo; y yo te agrego, a pesar de mi ausencia, aunque se prolongue, a pesar de la falta de cartas cuando no las recibas. Estos dos años que invocas velan por ti y te reclaman como la única esperanza y alegría en un piélago de dolores secretos que tú no conoces y de estragos causados por nuestro amor mismo.

A mi llegada a Mendoza avisé a Juanita que escribiese, no pudiendo hacerlo yo, para que supieses mi llegada. El correo está franco. ¿Por qué no escribes sin intermediarios? Hazlo en adelante y abandona este tema de las quejas que dan a tus cartas un carácter desabrido, haciendo más insoportable la separación.

Necesito tus cariños, tus ideas, tus sentimientos blandos para vivir. Un amigo de Córdoba me escribe: "No puedo disimularle que he recibido una impresión penosa al leer su carta, porque veo en ella reflejar un profundo desencanto que muchas veces he apercibido en el fondo de su pensamiento".

Atravieso una gran crisis en mi vida. Créemelo. Padezco horriblemente y tú envenenas heridas que debieras curar. Al partir para San Juan, te envío mil besos y te prometo eterna constancia. Tuyo

Sarmiento.

Gálvez fue uno de los pocos historiadores que aludió en forma expresa al amor de Aurelia y Sarmiento. El siguiente comentario ofrece una idea del rigor con que fueron juzgados. Por supuesto hay que considerar que el escritor católico publicó su obra hace más de cincuenta años, pero también que ya habían pasado más de ochenta desde que ambos habían cometido el "pecado" de amarse. Dice Gálvez sobre esta última carta de Sarmiento: "No la trata de 'usted' como en la carta anterior, sino de 'tú'. Esto autoriza a suponer un cambio en el carácter de los amantes". Después señala: "Hay algo más grave: se besan. Hoy un beso puede no ser gran cosa; pero en esos años la mujer, especialmente si es casada, que se deja besar, se compromete a entregarse. Sarmiento, además, no se hubiera atrevido a enviar a Aurelia besos sin su consentimiento, y esto sólo podía saberlo por derecho adquirido. También se ve en la carta que Aurelia tiene celos y le hace 'amargos reproches'. En el amor espiritual y en la amistad pura, caben celos mas no esos reproches. Y por otra parte, y sin ser freudianos, debemos reconocer que en toda amistad entre un hombre y una mujer siempre hay un fondo sexual. ¿Y es fácil que dominen sus instintos un hombre como Sarmiento, que domina escasamente sus actos, y una mujer separada de su marido y, al parecer, loca de amor por ese hombre?".

Durante dos años, aproximadamente, Sarmiento mantuvo la relación con Aurelia al tiempo que continuaba su matrimonio con Benita. Como no sabía de qué forma resolver la situación, sólo atinaba a poner distancia de su mujer, que continuaba viviendo en Buenos Aires. Pero esa actitud también lo alejaba de Aurelia. En 1862 fue designado gobernador de San Juan y, hasta que pudiese tomar una determinación, todos los cuidados le parecían pocos para evitar el escándalo. Una de sus estrategias era escribirle a la familia de Aurelia como forma indirecta de comunicarse con ella.

Una carta de Dalmacio a Sarmiento del 24 de marzo de 1862 lo confirma: "Acababa de leer su discurso al recibirse de gobernador —escribe Vélez Sarsfield— cuando abrí la encomienda (...) Le hemos agradecido pues muchísimo sus recuerdos. Para mí la mejor es la madera que usted llama florecida. Y la relojería para Aurelia".

Y más adelante señala algo que ratifica el reproche de Sarmiento cuando le cuestiona a Aurelia su desgano para escribirle. Dice Dalmacio: "Aurelia ha repetido cien veces, '¡pobre Sarmiento, tan fino que ha estado conmigo!'. Dice que hoy no puede contestarle su carta porque está llena de visitas, que lo hará el lunes que viene".

Tanto Aurelia como Sarmiento sufrían con la distancia y con la imposibilidad de relacionarse sin restricciones, pero a través de este tipo de mensajes se puede advertir un juego entre ambos, quizás orientado a aquello que Sarmiento le había escrito a su primo sobre los amores ilegítimos en los que la mujer independiente "aguijonea nuestros deseos con su resistencia".

Aurelia era una mujer independiente, pero lo extrañaba, y tal vez para sentirse más cerca de él o para recordar encuentros pasados, solía frecuentar la casa que Sarmiento había construido en el Canal del Abra Nueva, en el Delta del Paraná que él llamaba *Carapachay*. En la *Prócida*, como Sarmiento bautizó a su isla en alusión a otra situada en el Mediterráneo frente a Nápoles, que sólo contaba con una "linda casilla de madera", Aurelia se instaló ese verano. Sarmiento se enteró por Dalmacio. Debió de haber sonreído al leer: "En casa no hablamos sino cómo estará Sarmiento rodeado de sanjuaninos, abandonando su isla del Carapachay por esta horriblemente mala y fea. Allá está Aurelia hace ocho días y por eso no le contesta su carta".

Antes de trasladarse a San Juan, al finalizar las sesiones en el Senado en 1858, Sarmiento solía escaparse a la isla y seguramente Aurelia lo acompaña-

Bartolomé Mitre fue el consejero de Sarmiento en los conflictos de su vida afectiva.

ba "a recorrer la Boca de las Palmas en la oscuridad de la noche (...) haciendo fiesta y caudal de los incidentes más insignificantes; sin otro interés que moverse, sentirse vivir, olvidarse de todo, reír con todo motivo y a toda ocasión", como él mismo describió en un artículo.

Y debió de haber ido en varias oportunidades para atreverse a pasar sola tantos días en aquel lugar, todavía inhóspito, recordando los días de felicidad que ahora parecían tan lejanos, tanto como la distancia que separaba Buenos Aires de San Juan.

No fue infundado el temor de Sarmiento de que la correspondencia fuera descubierta por su esposa. Pocos meses después de pedirle a Aurelia que le escribiera sin intermediarios, Benita confirmó lo que ya sospechaba, y lo hizo a través de Dominguito. En mayo de 1862 lo envió al correo para buscar cartas de su padre y el joven se enteró de que llegaba correspondencia de Sarmiento desde San Juan pero a nombre de una viejita que apenas sabía leer: era para Aurelia.

Con esta prueba los celos de Benita resonaron por todo Buenos Aires, y aunque en aquel tiempo no existían revistas de chismes amorosos, la noticia corrió rápidamente por la ciudad, sobre todo por tratarse de figuras tan relevantes de la clase dirigente porteña.

Durante su estada en la ciudad, Benita había entablado amistad con las esposas de los más encumbrados políticos, como Delfina Vedia, la esposa de Mitre, o Carmen Nóbrega, la mujer de Nicolás Avellaneda. Y junto a ellas lloró su desgracia, mientras en las tertulias y los salones se comentaban "ciertos amores de Sarmiento con tal señora de alcurnia, a quien consagraba, por lo menos su simpatía intelectual".

Mientras tanto, en San Juan, una vez enterado de la situación, Sarmiento se enfureció con Benita. Por esos días le escribe a Mitre: "No sabe usted el estrago que ha hecho en mi alma la herida que he recibido en el corazón. Soy otro hombre, receloso, humilde, huyendo de las ideas, de la política, de pensar sobre todo; y como fui siempre una máquina de pensar, absorbiendo este trabajo incesante del espíritu toda mi existencia, la realidad se me ha presentado, haciéndome descender muy abajo de esta realidad misma". Meses después, en ocasión de saludarlo por su acceso a la presidencia de la Nación, le dice: "en medio de los desencantos que hacen hoy el fondo de mi existencia, este acontecimiento es un punto luminoso y vivificante (...) Estoy enfermo y con el espíritu decaído".

Por su parte, en Buenos Aires, Aurelia capeaba sola el temporal, y en ningún momento pensó en abandonar su relación con Sarmiento. Es más, hasta le confeccionó un gorro para el invierno que su padre envió a San Juan junto con una carta en la que le expresaba: "Aurelia le manda un gorro que le hizo para el invierno y que no ha tenido con quién mandarlo". Sarmiento lo recibió, y desde ese día no dejó de usarlo. En San Juan sus vecinos solían verlo en mangas de camisa y con su gorro negro de borla, limpiando la pajarera.

En 1862 Mitre fue proclamado presidente de la República poniendo fin a la separación de Buenos Aires del resto del país y designó a Vélez Sarsfield como ministro de Hacienda del gobierno nacional. Fue en ese momento cuando estalló el escándalo de la relación entre Sarmiento y Aurelia, y para ella fue imposible pasar inadvertida. Por esta razón aprovechó la visita de unas parientes para trasladarse a Córdoba, donde permaneció durante tres meses.

Así se lo informa Dalmacio a Sarmiento en una carta del 16 de noviembre de 1862, en la que también le cuenta sobre su nombramiento: "Aquí me tiene usted de ministro de Hacienda sin un medio en caja y con diez mil pretensiones a cuesta". Le comunica luego: "Aurelia está en Córdoba donde la llevaron por dos o tres meses las cordobesas que vinieron a pasear".

Aurelia pasó la Navidad de 1862 en aquella provincia, mientras Sarmiento enfrentaba su crisis familiar ante Dominguito, a quien quería entrañablemente, y al que su madre había enviado a San Juan para intentar una reconciliación. Pero él había tomado una decisión definitiva: no volvería con Benita. En esos días le escribió a Mitre y le dijo que su determinación era "cortar de raíz los males", porque "no es la situación que ante la opinión me hacen los sucesos lo que me guía: no es olvidar un agravio lo que me cuesta, sino aceptar vivir los pocos años de vida que me quedan envilecido ante mis propios ojos y martirizado y pisoteado como lo he sido diariamente diez años. No olvide ¡diez años!". Le escribe también a Aurelia, una vez más a través de Dalmacio, quien en diciembre le informa a Sarmiento que "Aurelia está en Córdoba, pero estará de vuelta a principios de febrero. Le mandé una carta que usted le escribió".

Llama mucho la atención la actitud de Dalmacio frente a la relación de Sarmiento con su hija. Es imposible suponer que no se hubiera enterado de lo que todos sabían. Sin embargo, ningún comentario le hace a su amigo, con quien continúa su correspondencia como si nada sucediese. Hablan de la situación política, de sus respectivas gestiones y también se refieren a otra pasión compartida: las plantas. Intercambian semillas y consejos para engalanar sus jardines, y Dalmacio, tan reacio a demostrar el afecto, suele terminar sus cartas con expresiones como: "Le confieso que usted me hace una falta irreparable" o "Me hace usted total falta para ayudarme a pensar". En la abundante correspondencia sólo hay una mención que puede aludir a estos acontecimientos. "Desde el gobierno de Rosas —escribe Dalmacio— me quedó la costumbre por los casos que ocurrieron de no confiar nada a cartas, y esto que fue un presupuesto de las circunstancias, dañaron éstas tanto, que se hizo con mi naturaleza. Mil veces he querido escribirle sobre mi situación y lo que juzgaba de la suya como también del único remedio que ambos males tenían y me abstuve de hacerlo por no sé qué secretos cuidados."

Es de suponer que no sólo aceptaba esta relación, sino que además la avalaba, a pesar de las murmuraciones generales.

El año siguiente, 1863, fue muy duro para Aurelia. Cada día su padre regresaba del ministerio renegando contra los otros ministros y contra la Legislatura, donde debía enfrentar interpelaciones en las que más de una vez fue insultado. Finalmente presentó su renuncia y, desilusionado, decidió alejarse de la vida pública. "Estoy ya cansado e incapaz de cargar con trabajos semejantes tanto más cuanto que de ellos y de los grandes compromisos que nos han rodeado en varias circunstancias azarosas en la paz y en la guerra no he recogido sino injurias y calumnias. A cierta época de la vida y después de varias grandes agitaciones que traen las transiciones políticas, un hombre prudente debe retirarse de los negocios públicos. Quiero vivir tranquilo mis últimos años", le escribe a Mitre.

La otra preocupación de Aurelia era la revolución encabezada por el Chacho Peñaloza en la provincia de La Rioja y sus intentos de invadir San Juan. Sabía que Sarmiento recibía amenazas personales a diario y temía por su vida. En los últimos cinco años tres gobernadores de esa provincia habían sido asesinados.

Ante la posible invasión, Sarmiento decretó el estado de sitio en San Juan pero su antiguo rival, Guillermo Rawson, ahora ministro del Interior del gobierno nacional, desautorizó esa medida. Y para colmo, los oficiales encargados de perseguir a Peñaloza lo capturaron y lo degollaron. Después colocaron la cabeza en una lanza para escarmiento de los insurrectos. Sarmiento no había ordenado aquella muerte, aunque la aprobaba, pero sus enemigos se la imputaron.

Mitre le escribe: "No he podido prestar mi apoyo a tal hecho. Nuestro partido ha hecho siempre ostentación de su amor y respeto por las leyes y por las formas que ellas prescriben; y no hay a mi juicio un solo caso en que nos sea permitido faltar a ellas, sin claudicar de nuestros principios".

Sarmiento estaba solo. Su situación política en San Juan se había complicado. Su realidad afectiva en Buenos Aires era insoportable, con Benita y Aurelia en la misma ciudad. El gobierno nacional le presentó una salida aunque ésta significaba alejarlo de la escena política. Le ofreció una misión diplomática en los Estados Unidos.

Como en tantas otras cuestiones, Sarmiento consultó a su amigo Vélez. Esta fue su respuesta: "Si usted se va no piense en volver. (...) No se vaya a engañar. Piense en ahorrar algunos pesos para morirse en Washington. Yo creo que en los Estados Unidos va a encontrar buen pasto para su vida cuando aquí sólo tendrá yararás venenosas. Váyase pues, pero venga por Buenos Aires. Quiero darle el último abrazo. A mí me restan pocos años de vida".

Y Sarmiento partió. Fue a mediados de abril de 1864. Para Aurelia significaron otros cuatro largos años de separación. Durante ese tiempo, además de seguir amándolo, se transformó en la más fiel y eficaz operadora política que jamás Sarmiento hubiera imaginado dejar en Buenos Aires.

CAPITULO IV

"Si no sigue mi consejo,
no siga el de nadie."

Aurelia Vélez a Sarmiento
durante la campaña
presidencial de 1868.

A fines de 1864 Aurelia cambió de geografía. A los veintiocho años, una vez más, abandonó su casa de la ciudad y se trasladó a Almagro porque el gobierno nacional le ofreció a Dalmacio Vélez Sarsfield la misión más importante de su vida de jurista: la redacción del Código Civil. El la aceptó y para alejarse de cualquier distracción decidió fijar su residencia en la quinta. Allá fue también Aurelia, siempre fiel a su padre, que ahora tenía sesenta y cuatro años, para acompañarlo sobre todo en los momentos de desánimo en los que solía repetir: "me he metido en una obra superior a lo que yo podía hacer". Y también para ayudarlo como escribiente junto a Eduardo Díaz de Vivar y a Victorino de la Plaza, entonces estudiante de derecho.

A las seis de la mañana en invierno y a las cinco en verano, Aurelia ya estaba en pie preparada para recibir los dictados de Vélez. Tomaba notas en cuadernos que se iban acumulando y, luego, con las correcciones de su padre pegadas en tiras junto al texto inicial, además de los datos agregados entre líneas, su trabajo consistía en preparar las páginas finales que se enviaban a la imprenta. Tarea ingrata si se tiene en cuenta la caligrafía apretada, escueta e ilegible de Dalmacio, a lo que había que sumar su "ortografía subversiva", según la calificación de su biógrafo. El mismo le dice a Sarmiento en una carta que le envía a los Estados Unidos: "¿No han inventado en ese país algún papel, alguna pluma o alguna tinta para que un hombre viejo de mala letra la mejore y sus cartas se puedan fácilmente leer? Esa máquina sería la que yo le encargase".

Más contrariedad que la letra de su padre le debe de haber producido a Aurelia recibir el dictado de algunos de los artículos del Código. Debió de haber fruncido el ceño cuando tuvo que escribir sobre la obligación de la mujer de seguir al marido ofreciéndole respeto y obediencia, o aquel otro que le prohibía emprender cualquier tipo de actividad comercial sin el previo permiso de su cónyuge. Pero no se dejó intimidar por estas disposiciones. Probablemente pensó que, si bien era necesario ordenar la vida de la mayoría, la suya tenía características particulares que ella debía atender. Muchos años después, en 1883, y cuando faltaba todavía casi medio siglo para que la ley de derechos civiles del socialista Mario Bravo terminara con esta desigualdad, el nombre de Aurelia Vélez apareció junto al de Máximo Garay, apoderado de su hermano Constantino, participando "por sí" en los autos testamentarios de su madre y de su hermana Rosario, y luego recibiendo el dinero de la herencia sin usar en ninguna oportunidad su apellido de casada, y sin pensar siquiera en pedirle permiso a Pedro para realizar alguna inversión.

Pero volvamos a 1865. A miles de kilómetros de Buenos Aires, Sarmiento iniciaba su misión diplomática en los Estados Unidos, donde hacía poco había concluido la guerra de Secesión y el presidente Lincoln acababa de ser asesinado. Presentó sus credenciales ante el gobierno de Johnson en Washington pero decidió fijar su residencia en Nueva York. Se conoce sólo una carta de Aurelia durante este período, pero a través de las respuestas de él se puede advertir que la correspondencia fue más que abundante. A sólo cinco días de llegar le escribe cambiando el tuteo de sus anteriores cartas. A pesar de estar separado de su mujer, sabía que no podía descuidarse. Benita le había enseñado a desconfiar del correo y él había aprendido la lección.

Sin embargo, lo primero que hace Sarmiento es pedirle que viaje a los Estados Unidos. Tras describirle la ciudad le dice: "Y a propósito de su juventud. ¿Por qué deja usted disiparse la suya como planta pegada al suelo, usted libre de cuidados y obligaciones, y no se resuelve a tomar el vapor que se establecerá en noviembre entre Buenos Aires y Nueva York y en treinta días de viaje cómodo, tocando en las costas del Brasil, se encuentra en Nueva York, donde desemboca el Hudson, acarreando naves por millares y remontándolo, llega a la cascada del Niágara, desciende el San Lorenzo y se vuelve a su casa llena de recuerdos, enriquecida de emociones plácidas, que bastará cerrar los ojos para evocarlas y complacerse con ellas? ¡Si fuera yanqui! ¡Si viese los ferrocarriles, vapores, hoteles, calles llenas de jóvenes solteras, solas, viajando como las aves del cielo, seguras, alegres, felices!".

Dos semanas después le envía otra en la que le

dice: "Un volumen necesitaría escribirle para comunicarle mis impresiones de quince días de residencia. Es un año de vida acumulado en horas, como en los delirios de la fiebre. Es la tentación de Satanás mostrando los reinos de la tierra desde una elevada montaña".

Le describe Brooklyn, Nueva Jersey, Broadway, Saint Germain, la Quinta Avenida; le cuenta que asistió al tribunal militar que juzga a los asesinos de Lincoln, que visitó Filadelfia, Baltimore, Ellicot's Mills y le informa que en este último lugar se quedará a vivir. Le habla de las costumbres en los Estados Unidos: "Se siente vivir, o más bien la vida lo invade, lo mueve, lo arrastra a uno, vida de goces materiales, intelectuales y de continuo movimiento. Esto último tiene sus inconvenientes. Se viaja de palacio en palacio, para vivir mediante cuatro pesos como príncipes, con baño al lado de la cama, cinco comidas al día, salones de lectura, de fumar, de recepción, peluquería, telégrafo, todo a la mano". También le enumera las dificultades: "El que era príncipe en el hotel San Nicolás, o el Continental, desciende a la condición de peón de fardo en los trenes o en los buques. Tendrá asiento si anduvo listo a tomarlo. Si no tendrá, como toda la legación argentina de Baltimore a Washington, que acomodarse entre uno y otro vagón, lloviendo de noche y a veinticinco o treinta millas por hora. Dormirá en cama, si puede pescarla haciendo cola de tres horas para obtener camarote y comerá si tiene buenos puños y fuertes codos para luchar y abrirse paso al comedor. No hay reclamo posible, ni distinción de personas, ni de clases. Sería ridículo invocar el título de ministro entre estos patanes ilustrados, ricos, pacientes, tranquilos y resignados a estos ine-

Dalmacio Vélez Sarsfield (el primero de la izquierda, sentado),
integrante de la Comisión Directiva del Ferrocarril del Oeste.
Chivilcoy, abril de 1865.

vitables inconvenientes de acumular vida en minutos
y volar por el espacio suprimiendo distancias".

Aurelia tuvo que deslumbrarse con esta descripción. Ella vivía en un país que no contaba con
ninguna de estas comodidades. El ferrocarril no existía. Por Buenos Aires circulaban caballos, carros y carretas, cuando no había tormentas, porque las calles
se convertían en ríos de barro imposibles de transi-
tar. Trasladarse de una provincia a otra significaba
días y días de trajín por caminos polvorientos y mal
entrazados. Muy pocas familias contaban con aljibes,
y había que esperar el sonido de la campanilla del carro del aguatero para correr con una cuba a proveer-
se de agua potable. Cuando llegaba el día del aseo
personal, se vertía el agua en un gran recipiente donde se bañaba toda la familia. Primero los hombres de
la casa, luego las mujeres y finalmente los chicos. ¡Y
sin cambiar el agua! No se conocía la electricidad y la
iluminación era con lámparas de gas. La basura se ti-

raba en el Riachuelo o en los pantanos que atravesaban la ciudad y, sobre todo en el verano, el hedor se hacía casi insoportable. Por eso, los más pudientes, vivían en casas de alto cuyas habitaciones, gracias al viento que soplaba desde el río, quedaban relativamente a salvo del olor que envolvía a los porteños. Tanta era la diferencia de mentalidad que, cuando años después Dalmacio presentó un proyecto para instalar una red telegráfica, algunos diputados se opusieron con el argumento de que sólo serviría para provocar enfrentamientos entre los barrios "llevando y trayendo chismes".

Sarmiento quería que Aurelia conociera aquel país, y también deseaba reunirse con ella. En esta carta, y tal vez para tentarla, le presenta una solución a los inconvenientes que antes le había relatado: "Un remedio tienen estos males y muy sencillo, y es ir con una señora. Entonces todo es cómodo y tranquilo. No se dan camarotes a los hombres, aunque fuera el general Grant, hasta que todas las señoras los tengan; hay vagones reservados para señoras y sus acompañantes; hay una puerta particular que da al comedor para las señoras y no se abre la destinada a los machos, sino cuando ellas están sentadas". Y agrega: "¡Y qué señoras! Todas paisanas del campo, muy parecidas aun en el semblante y atavío a sus compañeras de usted, cuando va a la quinta".

Después apela a los celos: "Necesito a todo trance proporcionarme una señora para viajar, y renuevo mis propuestas a la Villarruel, a quien haría viajar gratis de Estado en Estado, por lagos, bahías, ríos y ferrocarriles, asegurándole una renta, a fin de ahorrarme padecimientos de otro modo inevitables".

Pero enseguida insiste: "¡Oh! Si usted pudiera

determinar al doctor cordobés a darse un paseo de cuatro meses por este país encantado. ¡Cuánto gozaría viendo las maravillas de la civilización más adelantada, el torbellino de la vida pública, del comercio, de la prensa, de los telégrafos y vapores que aquí pululan como allá no lo hacen la carretas; al admirar la obra de Dios en bahías, lagos, bosques y ríos, y la de los hombres en instituciones, ciudades, invenciones, libros, escuelas y riqueza asombrosa! ¡Pero es predicar en el desierto! ¡Se morirá de puro viejo, sin conocer sino la quinta, donde me parece verlo con el sombrero al ojo!".

¿Por qué Aurelia, tan afecta a los viajes —como lo demostraría más tarde—, no se trasladó con Sarmiento a los Estados Unidos? Tal vez porque en Buenos Aires no tardarían en enterarse. La embajada argentina a cargo de Sarmiento estaba integrada, entre otros, por Bartolito Mitre y Vedia, hijo del presidente y compinche de Dominguito, y por el joven Lavalle, hijo del general, quienes seguramente en su correspondencia no tardarían en dar cuenta de su presencia, ofreciéndole a Benita una prueba más para reavivar el escándalo. Pero conociendo a Aurelia y también a Sarmiento, este riesgo no los hubiera detenido si ella deseaba viajar. Una razón de peso pudo haber sido la edad de Dalmacio, por quien Aurelia sentía devoción. El mismo ya había escrito a Sarmiento "no viviré muchos años", y durante el trabajo de la redacción del Código expresaba su temor porque le faltara el tiempo para concluirlo.

En otra carta, del 28 de agosto de 1865, Sarmiento acusa recibo de una de Aurelia —que lamentablemente no se conoce— y le dice: "Su cartita del 11 de junio me llegó única de Buenos Aires, lo que real-

85

zaba el placer de leerla. Recibíla el 4 de agosto en la calle, yendo a comer con algunos amigos a la Maison Dorée, un extra que me daba, con motivo de mi pretendido santo, para llenar una promesa hecha en Valparaíso en el mismo día, donde nos prometimos los copartícipes de una francachela, saludarnos dondequiera que nos hallásemos y beber a la memoria de los amigos, a las 8 y 35 minutos. Cumplí mi parte a las 8 y 25 minutos 46 segundos que es la hora correspondiente a Nueva York relativamente a Valparaíso".

Luego, con su habitual delicadeza, le señala: "Usted con su carta tan a tiempo, se presentó por usted y por su familia, a tomar parte en ese culto a las amistades verdaderas; y como al brindar de pie, todos teníamos la vista hacia el suroeste en la dirección de Valparaíso, temo haberme inclinado un poco más al sur, de manera que la línea pasase por el meridiano de Buenos Aires".

Más adelante le cuenta de su felicidad por la actividad que realiza: "Me levanto a las cinco como su Tatita. Leo poco, porque no sabría qué escoger entre la muchedumbre de libros, panfletos y diarios que se me están acumulando. Escribo, traduzco, compilo e imprimo dos libros a la vez. Despacho correspondencias que cada día se están haciendo más frecuentes e interesantes; publico algo en los diarios y llegan las doce de la noche muy a pesar mío y encuentro en mullido lecho (porque, sin poesía, son muy buenas las camas americanas), el sueño que por tantos años huyó de mis párpados".

En muchas oportunidades, Aurelia fue para Sarmiento el hombro en donde aquel hombre tan fuerte, tan arrollador, depositó sus penas, sus inseguridades, sus dolores. En esta carta le habla de su tristeza por la muerte de su yerno, el marido de su hija Faustina y además su socio en el negocio de la imprenta: "La muerte de Belin vino a robar a estos cuadros tan severos alguna poesía de esperanza que los embellecía. La vuelta a Buenos Aires se hacía con él posible. Habría tenido familia mía a mi lado y ocupación independiente de los otros. Pero se acabó. Ahora es prosa todo".

En otra posterior se desahoga de su dolor por la poca valoración de sus compatriotas hacia él. Le cuenta que se entrevistó con profesores, doctores y científicos norteamericanos, que visitó establecimientos y universidades y elogia los adelantos en materia de ciencia y de educación de los Estados Unidos. Le dice que supo que le encargaron a José María Gutiérrez que presente un plan para organizar la Universidad y afirma que "Gutiérrez es el hombre más ignorante que yo haya conocido jamás" y además se había enterado de que le había escrito a alguien de los Estados Unidos hablándole en contra de él.

Después se acuerda del desprecio de Florencio Varela al conocer el *Facundo*. "Me hizo en mis barbas —le escribe— el cumplido que ese libro no valía nada (...). A los pocos días vino a pedirme ejemplares porque todos los europeos le decían que era el único libro americano que merecía ese nombre." Le cuenta, orgulloso, que "ahora dos o tres sabios verdaderos andan pensando en traducir el *Facundo* al inglés" porque "aquí veo que no son tan difíciles los hombres que llenan el mundo con sus nombres, y me basta mostrarles una página mía para que miren en algo".

Luego de tanta queja y de tanto ego herido, pidiéndole disculpas, le dice: "Veo que he vuelto a resollar por la herida, pero ¿qué quiere usted? Es profunda y necesito una persona como usted para desahogarme. Si supiera usted todo lo que me han hecho sufrir desde antes de salir de Buenos Aires, hasta ahora poco, mis amigos, hallaría razón".

Aurelia lo sabía y sufría esta pena con él. Creía absolutamente en el valor intelectual de Sarmiento, elogiaba sus trabajos y hacía lo posible para que no se desanimara. En una carta le pide que continúe el *Facundo* y él le responde: "No tocaré con mi trémula mano de viejo a mi juvenil *Facundo* por complacer a usted cuyo juicio y cariñosa tutela respeto y acepto. Pero pienso agregarle un complemento. Treinta años después, la guerra o sublevación del Chacho en que el autor del *Facundo* acaba con el último movimiento de los bárbaros. ¿Qué le parece la idea?".

Pese a que Sarmiento se sentía comprendido por Aurelia, ella no siempre supo abarcarlo. Cuando llegó a Buenos Aires la noticia de que Dominguito había perdido la vida en el combate de Curupaití, durante la guerra del Paraguay, no tuvo valor para es-

Domingo F. Sarmiento en la legación argentina en los Estados Unidos, en compañía de Juan Lavalle (hijo), Halbach y Bartolomé Mitre y Vedia y un desconocido.

cribirle. Así se lo comunica Dalmacio en una carta de febrero de 1867: "Siento mucho verlo tan afligido por la pérdida de Dominguito y que tenga tanta razón para estarlo. Ni yo ni Aurelia nos animamos a escribirle cuando esa desgracia sucedió, a pesar que a cada momento nombrábamos a usted. Para golpes tales, yo soy el más estéril de los consuelos".

A esta altura de los acontecimientos, con más de cinco años de separación, ¿qué ocurría con la historia de amor entre ambos? Tal vez el tiempo y la distancia contribuyeron a que se enfriara la pasión y la urgencia del comienzo, aunque seguramente esas mismas razones fortalecieron y ahondaron el sentimiento. Por otra parte, ambos sabían desde el comienzo que era inútil plantearse una relación de estilo tradicional. El divorcio no existía y no podrían concretarla, salvo que decidieran vivir fuera de Buenos Aires, pero ninguno de los dos estaba dispuesto a alejarse definitivamente de la ciudad. Además, a ambos les interesaba preservar su independencia y coincidían en que el amor poco tenía que ver con el matrimonio formal. Por lo menos la propia experiencia así se los había demostrado.

Ahora, separados por bastante más distancia que antes, continuaban con sus juegos de seducción. En varias cartas Sarmiento instiga los celos de Aurelia. En una le dice: "Se pondría usted celosa si leyese mi correspondencia con Mrs. Mann, la viuda de mi amigo. Voy a verla en estos días. Tengo mis sospechas de que tiene sesenta años. ¡Qué lástima!". En otra vuelve a referirse a Mary Mann y escribe: "¡Es mi ángel viejo! El corazón le arrastra". Pero después, para que Aurelia no se inquiete, agrega: "¡Ah! En medio de tantos desencantos y traiciones, me queda el consuelo de haber sido amado, como me amaron usted, su padre, Aberastain, Posse, Mary Mann y algunos otros: esta última es víctima de una fascinación que acaso proviene de un exceso de amor maternal que desborda de su corazón; acaso de encontrar en mí un admirador y continuador de su esposo".

Aurelia no debió ser celosa, si no Sarmiento no la hubiese provocado, sobre todo recordando su experiencia con Benita. Su actitud parece consecuente con el estilo de esta relación en la que el sentimiento de posesión del otro, por lo menos en términos generales, parecía no tener mucho espacio. En una carta posterior Sarmiento le confiesa que un amigo suyo en los Estados Unidos está deslumbrado por ella y, aunque no menciona su nombre, le dice: "Uno de ellos, mi admirador, está enamorado de usted y cada ocho días viene con esta demanda: ¿hay carta de Aurelia? Vamos, léame. Qué madurez de juicio, qué sencillez de estilo, derramando aquí y allá frases de maestro, pensamientos de filósofo, sin apercibirse de ello".

Sarmiento no le fue fiel a Aurelia, en el sentido de no tener relaciones con otras mujeres. En los Estados Unidos tuvo sus romances, por lo menos uno con Ida Wickersham, su profesora de inglés. Sin embargo a él sí le interesaba que Aurelia le fuera fiel, y no hay ningún dato que indique que no haya sido así. Al final de una de sus cartas le escribe: "Le he dicho alguna vez que tengo la paciencia y la tenacidad del presidiario. Pero me ha de sorprender la muerte, esperando los años necesarios para que una idea mía madure, un hecho sobrevenga. Viva pues para mí, asóciese a mí, sírvame a mí. Suyo, Sarmiento".

Respecto del desempeño político de Aurelia, en otra carta Sarmiento hace la primera mención de la tarea que ya ella había comenzado a realizar para él en Buenos Aires, sin ningún acuerdo explícito previo. Le pregunta: "¿Ha publicado Avellaneda la que le dirigí sobre el estado de sitio? Leerá usted la *Vida de Lincoln* y verá usted a éste su amigo en 1859, creo, sosteniendo en el Senado lo que Lincoln en 1862 sostenía con las mismas palabras. No sé si al leerla, Rawson tendrá rubor de todos los disparates que en tono magistral contestó sobre el mismo asunto. Mis dos libros tienen eso de bueno, que vuelven por mí, sin que sea yo quien hable. Es Mann, es Lincoln que salen a mi defensa en los dos puntos en que he pretendido ejercer la autoridad de la doctrina, educación y constitución". Y con ironía remata respecto de Rawson: "Pero bastaba haber estudiado para médico y ser ministro para arribar a resultados mejores".

En aquel tiempo comenzaba a agitarse en Buenos Aires el ambiente político en vistas a las candidaturas para suceder al presidente Mitre. Se hablaba de Urquiza, de Elizalde —ministro de Relaciones Exteriores—, de Alsina. En ese marco, Rawson, ministro del Interior del gobierno nacional, había publicado el artículo "El estado de sitio según la Constitución" para enrostrarle a Sarmiento la decisión tomada en 1863 durante su mandato en San Juan y vincularlo, además, con la muerte del Chacho Peñaloza. Sarmiento le respondió con otro artículo "El estado de sitio según el Dr. Rawson", en el que, lejos de arrepentirse por aquella decisión, se jactaba de haber domado la última montonera en el país.

La comprensión de estas cuestiones nada familiares para las mujeres comunes de la época eran naturales para Aurelia. Por eso Sarmiento le encomienda: "¿Quiere hacer una cosa buena? Traduzca los *self made men,* los hijos de sus obras que le mando, para publicarlo en las escuelas. Haga más todavía; escriba cada día lo que llama la atención en Buenos Aires y sus propias impresiones y con un seudónimo cualquiera mande al *Zonda* (...). No sabe usted los tesoros de estilo y composición que usted posee. Quisiera que ocupase su inteligencia ayudándome en la obra piadosa de tener despierto a San Juan. Acometa la empresa y escriba con el abandono con que me escribe a mí: ése es el grande estilo. Ponga en ello interés más serio que el que aparece a primera vista".

Y por si a Aurelia el pedido le pareciera poco convincente, la increpa: "Necesito que usted me ayude y deje de desestimarse a sí misma condenándose a la inacción. Qué diablo. No es usted ni viuda, ni casada, ni soltera, sea algo: viva del espíritu, como tantas mujeres ilustres, asóciese a alguna idea. Téngalos en San Juan al corriente de lo que suceda y de lo que usted siente. Fírmese lo que quiera. En tiempo de Rosas hubo una correspondencia de Buenos Aires que todo lo sabía y nadie descubrió al autor y era un inglés".

Después le dice: "Andan en busca de una biografía mía, que nadie se atreve a escribir. Después de mí sólo Aurelia pudiera escribirla, sencilla, útil, sentida (...). Pero es en vano. No tiene fe en sí misma y no romperá las velas aranas del convencionalismo. Con una imprenta en su casa, hasta el anónimo le sería guardado".

Aurelia recibió el mensaje y, aunque no respondió al pedido de escribir en la prensa de San Juan ni tampoco la biografía, sí pensó en la posibilidad de asociarse a una idea, y más, trascendió esa propuesta porque ella misma generó la idea: propuso la candidatura presidencial de Sarmiento.

Relata César Guerrero: "Comienzan a surgir nombres en los distintos sectores con más o menos probabilidades de éxito, hasta que una voz de mujer con visión profética insinúa un nombre, el que polariza la atención de los intelectuales de todo el país: Sarmiento. Esa voz que resonara en los círculos allegados a la casa de su padre, con eco broncíneo, fue la de Aurelia Vélez".

Algunos autores sostienen que fue el coronel Lucio V. Mansilla quien sugirió su nombre aunque, en realidad, lo que sucedió fue que al militar se le encargó escribirle a Sarmiento para anunciarle la noticia.

Por su parte, Ricardo Rojas afirma que no se sabe cómo surgió esta candidatura y se la atribuye a una inspiración de Vélez Sarsfield en Buenos Aires, de Posse en Tucumán y de algunos amigos de Sarmiento en San Juan. Y después agrega: "Luego se la vio moverse sola, como un fuego fatuo en la noche de la pampa. Más tarde tomó cuerpo, un cuerpo casi fantasmal. Sin ejército, sin gobierno, sin partido, más resistida que apoyada, se abrió paso en la conciencia pública misteriosamente".

En este misterio Aurelia tuvo mucho que ver. Como la mejor agente, empezó a enviarle a Sarmiento desde Buenos Aires informaciones sobre la marcha de la campaña y del movimiento político en el país.

En la única carta que se conoce de Aurelia en este período, del 26 de marzo de 1868, le escribe: "Urquiza salió ya de su crisálida a trabajar por Elizalde según los elizaldistas, a trabajar por él, según los más. *La República*, diario de los librepensadores aquí, ha exhibido un candidato que le doy a adivinar; pero como perdería mucho tiempo en ello, le diré que es el Dr. Dn. Vicente Fidel López".

Y no sólo le cuenta lo que ocurre en Buenos Aires, sino también en el interior: "En Córdoba ha sido usted proclamado en medio de vítores; pero como los cordobeses habían de mostrar su zoncera por algún lado, lo han hecho con la elección de electores. Veo que la lista empieza con Dn. Mariano Fragueiro, que no creo vote por usted; sé además que no se ha tratado de saber su opinión, y así con otros. Sería de matarlos que pudiendo ganar la elección fueran a perderla por una imprevisión".

No debió de haber sido nada fácil trabajar con Aurelia porque, además de inteligente, era operativa e intransigente con la falta de eficiencia de los demás. En esa carta ironiza: "Es admirable cómo cumplen sus amigos con la pronta entrega de sus cartas. Dos días ha que he recibido una suya del 15 de octubre acompañada con los apuntes biográficos que Martín (Piñero) le había pedido. ¡Cinco meses! que hacen inútiles los apuntes; sería tarde para ponerse a la obra y ya se han publicado y repartido otros que no dejan de tener su mérito, por lo conocedor que se muestra el autor, Zinny, de sus escritos. No le digo sin embargo que nada se hará, porque no he visto a Martín que debe venir mañana de San Fernando; yo no he podido ir por tener a mi Tatita y a mi tía Inés enfermos, no cosa de cuidado".

Sarmiento aguardaba sus cartas con ansiedad. Ninguno de sus amigos fue más leal con las noticias, prevenciones y consejos. Aurelia le había dicho: "Si no sigue mi consejo, no siga el de nadie", y le sugirió que no regresara mientras los trabajos de sus partidarios avanzaban. El le hizo caso. Fue así que cuando en marzo de 1868 se enteró de que en San Juan lo habían elegido senador nacional y que Mitre lo nombraba ministro del Interior, rechazó el ministerio y nada respondió sobre la senaduría, guardándose esa carta para jugarla si fuera necesario. Si era vencido en la elección presidencial, actuaría como senador.

Tanta fue la influencia de Aurelia, que Sarmiento le escribe a su amigo Posse en Tucumán para decirle que en Buenos Aires se entendiera con Vélez y con su hija, "más a ésta que al viejo; tiene más carácter y créemelo juicio más sólido que todos nuestros amigos. Si pudiera inducirla a escribir en la prensa como me escribe a mí tendríamos un campeón, no por el amor hacia mí, sino por la completa inteligencia del asunto".

La inteligencia de Aurelia no se limitaba simplemente a transmitir información o a realizar algunas gestiones. Alcanzó también a desbaratar intentos de boicot a esta candidatura que algunos adversarios urdieron usando a su propio padre. Sarmiento le cuenta a Posse: "Me dice Aurelia Vélez que los culones de Buenos Aires se han venido y proponen por candidato al viejo Vélez, lamentando ella que así aparezca la desunión, dando esa ventaja a Elizalde que me dicen da muchos convites y gasta mucho té y vino".

A pesar de su preocupación política, Aurelia no olvidaba sus sentimientos. En la carta de 1868 escrita a pocos días de que Sarmiento se embarcara para la Argentina le dice, tal vez, preparando el reencuentro: "¿Conque está harto de estudiar y de vivir en país extraño? Mucho me temo que si sale de presidente les tire un día el puesto por estar harto de vivir en su país. Creo habérselo dicho ya, que esta movilidad que se ha apoderado de usted, y que estima en tanto, sólo ha de servirle a hacerle desapacible la vida. Me dirá usted que no se tiene la culpa de sentir de un modo u otro, quizá tenga razón, pero creo que la tengo y mucho cuando le recomiendo como antídoto a su enfermedad los vínculos del corazón. ¿Ya no es tiempo? Me lo temo. Haga un esfuerzo y vivirá contento".

Después le contesta a la insistencia de Sarmiento sobre su escritura con un estilo que convalida los elogios: "Le agradezco mucho el juicio que sobre mis aptitudes se ha formado; dejarlo fallido el día en que me ponga a la obra es mi más grande temor. Me conozco, éste es mi mérito, y sé cuánta parte tiene el corazón y que es preciso hacer trabajar la inteligencia. ¿Sabe usted que no es amable ni conducente al objeto decirle a su presunto biógrafo, 'escriba, deje de ser carne que no pasará'? Y el pobre biógrafo que se había imaginado ser tan poco carne con usted! ¿Va a negarle ahora el corazón y el alma? Pase por la inteligencia, pero reclamo de la palabra 'carne' que no es bien aplicada, pues puede no escribirse nunca, y ser algo más que carne".

La despedida es al estilo de Aurelia, una combinación de humor, ironía y afecto: "Adiós, y trate a sus electores mejor que a su biógrafo que tiene el defecto de aguantar con paciencia de santo, los cumplimientos de dos caras de su querido amigo. Suya, Aurelia".

Luego de dos años de arduos trabajos para Aurelia llegó el día de la elección, el 12 de abril de 1868. El resultado de los comicios se sabría recién cuatro meses más tarde, y aunque la opinión general se inclinaba por el triunfo de Sarmiento, ella pasó ese tiempo atenta a cada comentario que escuchaba en la tienda, en el mercado o en las tertulias en su casa.

El 23 de julio de 1868 Sarmiento abordó el va-

Aurelia Vélez, la hija mayor de
Dalmacio Vélez Sarsfield
y Manuela Velázquez Piñeiro.

*Dalmacio Vélez
Sarsfield.*

*Emboscada en Barranca Yaco donde fueron asesinados Facundo Quiroga y su
secretario, José Santos Ortiz, padre de Pedro Ortiz Vélez, primo y futuro
marido de Aurelia Vélez.*

Tras su exilio en Montevideo, Dalmacio Vélez Sarsfield se convirtió en asiduo concurrente a las veladas de Manuelita Rosas.
Casa de Juan Manuel de Rosas en Palermo, *óleo de F. Fortuny.*

La legislatura de Buenos Aires declaró la demencia del diputado Pedro Ortiz Vélez. Documento publicado por el diario La Tribuna *el 6 de diciembre de 1853.*

DOCUMENTOS OFICIALES.

El Presidente de la
Honorable Sala de
Representantes.

Buenos Aires, Noviembre 25 de 1853.

Al Poder Ejecutivo de la Provincia.

La H. Sala de Representantes se ha instruido de la nota de V. E. fecha de hoy, en que comunica el lamentable estado del Sr Diputado Dr. D. Pedro Ortiz Velez; y convencida con profundo pesar, por todos los certificados de los facultativos que V. E. acompaña, de que el dicho Sr. Diputado se halla en un estado completo de demencia, ha sancionado el decreto que tengo el honor de pasar á manos d V. E.

Dios guarde á V. E muchos años.

FELIPE LLAVALLOL.
Manuel Perez del Cerro.
Secretario.

Buenos Aires, Noviembre 25 de 1853.

La Honorable Sala de Representantes ha sancionado y decreta.

1.° Se declara comprobado el estado de demencia del Diputado Dr. D. Pedro Ortiz Velez al cometer homicidio en la persona de D. Cayetano Echenique ó innecesaria la formacion de toda causa á este respecto.

2.° Queda vacante el puesto que el mencionado Dr. Ortiz Velez ocupaba en la Legislatura, debiendo en su consecuencia procederse á la eleccion del Diputado que deba subrogarlo.

3.° Comuníquese al Poder Ejecutivo.

FELIPE LLAVALLOL.
Manuel Perez del Cerro.
Secretario.

Buenos Aires, Diciembre 3 de 1853.

Acúsese recibo, comuníquese á quienes corresponde, redáctese el decreto de estilo; señalando para la eleccion del Diputado subrogante el domingo 18 del corriente, y publíquese.

Rúbrica de S. E.
PORTELA.

*Aurelia Vélez inició
su romance con
Domingo F. Sarmiento
a fines de 1859.*

*Domingo F. Sarmiento en
1862. Ese año estallaría el
escándalo de su relación
con Aurelia.*

*Domingo Fidel Sarmiento. En
1862 descubrió las relaciones
entre Aurelia Vélez con su padre.*

*Benita Martínez Pastoriza,
esposa de Sarmiento.*

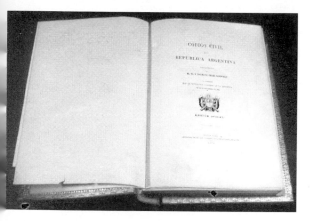

Código Civil de Dalmacio Vélez Sarsfield. Aurelia colaboró en su redacción como amanuense.

Casa de Sarmiento en el Tigre, que Aurelia Vélez solía frecuentar.

Domingo F. Sarmiento, embajador argentino en los Estados Unidos, junto a su secretario, Bartolomé Mitre y Vedia, 1866.

Carta de Aurelia a Sarmiento en la que le informa sobre el curso de su candidatura a presidente. "Sería de matarlos —dice refiriéndose a los cordobeses— que pudiendo ganar la elección fueran a perderla por una imprevisión." Buenos Aires, marzo de 1968.

por *Merrimac* para regresar a la Argentina, todavía con la incertidumbre sobre cuál sería su destino. Para contrarrestar su ansiedad y también como preludio a su encuentro con Aurelia, se dedicó a escribir en un cuaderno unas doscientas páginas a lápiz en las que volcó cada una de sus impresiones, reflexiones y sentimientos, con absoluta libertad y soltura, porque sólo para ella estaban destinadas. El texto titulado "Un viaje de Nueva York a Buenos Aires, de 23 de julio al 29 de agosto de 1868" recién se conoció después de su muerte, cuando Aurelia donó al Museo Histórico Nacional el original que fue luego trasladado al Museo Histórico Sarmiento en el momento de su fundación, donde se encuentra actualmente.

"En este viaje que me propongo describir —comienza Sarmiento— el viajero solo es el protagonista; y dedícalo a usted sola su lectura, dale la seguridad para llevar a cabo la idea, a toda hora del día, ha de estar presente usted en mi memoria. Viviré, pués, anticipadamente en su presencia, y cada escena que describa, tendrá a usted como espectador, complacido acaso de recibir este diario tributo."

Le habla de las ciudades y de las personas de las que se despidió antes de partir. Le cuenta, con orgullo, la ceremonia en la que se le otorgó el título de doctor de la Universidad de Michigan, y en un capítulo que titula "Las santas mujeres" se refiere a "todas las que me cobijaron bajo el ala de madres o me ayudaron a vivir en los largos años de pruebas".

En el párrafo que alude a Aurelia dice sin nombrarla: "Hay otra que ha dirigido mis actos en política; montado guardia contra la calumnia y el olvido; abierto blandamente puertas para que pase en mi carrera, jefe de estado mayor, ministro acaso; y en el momento supremo de la ambición, hecho la seña convenida, para que me presente en la escena en el debido tiempo".

Después alterna las reflexiones políticas con descripciones de paisajes a través de metáforas que debieron de haber emocionado a Aurelia: "Estaba tan contento de ver olas, nubes, puestas de sol: la de anteayer fue bella, el sol se deslizó por un agujero a guisa de hogar de chimenea que le había preparado una nube".

Más la habrá conmovido este pedido luego de contarle las impresiones de un joven pasajero que vivía en las colonias peruanas del Amazonas: "Yo me ofrezco desde ahora, colono, voluntario cronista y director del pueblo escogido (negros, mulatos, indios y extrangis) para tomar posesión de esta tierra de promisión. ¿Quiere usted acompañarme?".

¡Y cómo Aurelia no iba a querer! Después de tantos años de separación en los que no tuvo más remedio que contentarse con imaginar los gestos del hombre que amaba a través de la letra de sus cartas. En los que ejercitó su paciencia con la espera y su confianza en aquel sentimiento que perduraba a pesar de todo. En los que tanto trabajó para que él regresara triunfante al país... Nadie merecía tanto como Aurelia que Sarmiento la recordara, a su arribo a Pernambuco, ni bien le confirmaron la noticia de que había sido proclamado presidente. Se lamentó, primero, de no poder compartir este logro con sus familiares y amigos muertos. Después escribe en referencia a Aurelia: "Quédame la otra rama de las afecciones, y a Dios gracias, en plena y abundante florescencia. Al frente de la falange, Aquella que me decía: 'Si no sigue mi consejo, no siga el de nadie'. Nunca el corazón habló más alto".

Mientras tanto, en Buenos Aires, el corazón de Aurelia latía al mismo ritmo de los cohetes y las bombas de estruendo lanzadas desde las redacciones de *El Nacional* y de la *Tribuna Patria* y desde la casa de otros vecinos que celebraban de ese modo la proclamación de Sarmiento como presidente de la República.

No hay datos ciertos de cómo fue el reencuentro entre ambos. Pero se puede imaginar a una Aurelia nerviosa y emocionada, y a la vez contenida, aguardando en primera fila en el muelle del puerto para abrazarlo, aunque fuese unos segundos, antes de que la muchedumbre que lo esperaba lo acompañara a pie hasta su casa de la calle Belgrano, entre Defensa y Bolívar, donde fijó su residencia.

Si en la campaña electoral Aurelia había trabajado para el triunfo, durante la presidencia de Sarmiento redobló esta tarea, porque también su padre integró el gobierno. Dalmacio Vélez Sarsfield fue designado ministro del Interior y desde ese puesto debió timonear las revoluciones que se sucedían en las provincias de Corrientes, San Juan, Salta, Santiago del Estero y, sobre todo, la rebelión encabezada por Ricardo López Jordán en Entre Ríos, que iba a culminar con el asesinato del general Urquiza.

Algunas veces Aurelia acompañaba a su padre en estos viajes. En 1869, y luego de que López Jordán huyera hacia el Uruguay, se produjeron roces entre la Argentina y aquel país por el cobijo que en ambas naciones encontraban los revolucionarios de las dos orillas. En mayo Dalmacio se embarcó hacia Montevideo. Poco después Aurelia, acompañada por su hermana Rosario, también se trasladó hacia esa ciudad llevando una carta del presidente Sarmiento, impar-

tiendo nuevas órdenes para su ministro. Dalmacio
acusó recibo ante Sarmiento y le escribió: "Recibí su
carta traída por Aurelia: entregué al presidente (del
Uruguay) la de usted y el mensaje a la hora correspondiente".

El conflicto con el Uruguay se solucionó, pero
los Vélez tardaron casi un mes en regresar. "A los pocos días de venir mi hija Rosario —le informa Dalmacio a Sarmiento— se enfermó de fuertes dolores
de cabeza. A los tres o cuatro días se vio que la enfermedad era de viruelas, que aunque pocas y benignas,
le han tenido en cama hasta ayer que recién se le-
vantó (...) No le diga a Manuela nada de viruela,
pues ella sabe que Rosario estaba enferma de dolores de cabeza y se ha de llenar de cuidado si sabe que
han sido viruelas." Junto al lecho de su hermana
permaneció Aurelia todos esos días. Rosario, de ca-
torce años, la menor de los hermanos, era muy deli-

Caricatura de
Dalmacio Vélez
Sarsfield y de
Sarmiento publicada
en *El Mosquito* en
1871.

cada de salud y fue siempre Aurelia la que la cuidó y acompañó hasta el final de sus días, que no tardaría mucho en presentarse.

En abril de 1870 llegó a Buenos Aires una noticia que sacudió al gobierno nacional: habían asesinado a Urquiza en su propio palacio, y López Jordán acababa de ser proclamado gobernador de Entre Ríos en su lugar. Justo ahora que hacía poco menos de tres meses que Sarmiento se había reunido para hacer las paces. Ese crimen había que castigarlo y Sarmiento decidió enviar las tropas nacionales para no darle tregua a los asesinos que, no dudaba, habían sido enviados por López Jordán.

Mientras tanto, Dalmacio junto a su mujer y su hija menor, se trasladó a Córdoba para presidir la inauguración del ferrocarril, y Aurelia se quedó en Buenos Aires para atender los asuntos de su padre.

En esa ocasión intercambió cartas con Cándido Juanicó, un amigo que había ayudado a Dalmacio a regresar del exilio de Montevideo durante el gobierno de Rosas y que por entonces estaba preso en el Fuerte de San José, acusado de haber participado en la invasión de los blancos en el Uruguay.

Juanicó le escribió desde la cárcel a Vélez Sarsfield pidiéndole que gestionara su traslado bajo fianza a Buenos Aires. En el mismo mes recibió esta respuesta de Aurelia: "Tengo encargo de Tatita de leer las cartas que vengan en su ausencia, lo que me ha hecho posible llenar el encargo que usted le hacía, y que no habría podido cumplir sin mucho retardo".

Aurelia, en persona, llevó este pedido ante el presidente e informó al interesado: "El señor Sarmiento me ha prometido poner en la balanza la poca o mucha influencia que tenga con aquellas gentes. Por esta vez sería de desear que fuese mucha".

Pese a su empeño de solucionar el problema de Juanicó nada pudo lograr, y en una carta posterior le dice: "Su encargo ha sido hecho y siento tener que ser el medio por el cual vaya a usted el desaliento. El presidente (por Sarmiento), por conducto de su ministro en ésa, hizo preguntar al presidente (del Uruguay) si admitirían las seguridades, o más bien las garantías del gobierno argentino por su persona allí o aquí. Le fue contestado con muestras de sentimiento que su nombre aparecía en las sumarias levantadas como el más comprometido (...), pero que no se negaban sólo por esta razón; que pesaba sobre ellos la de haber negado al Conde de Eu, quien se empeñó en llevar a usted al Brasil, que concederle al gobierno argentino lo que se había negado al de Brasil sería un desaire a éste que no era dable hacer".

Al tanto de la política internacional argentina y de los problemas con el Uruguay, Aurelia concluye: "Ahí tiene usted medida de la influencia que este Gobierno tiene sobre aquél, lo que siento hoy de todo corazón. Si encuentra usted un medio cualquiera que Tatita o sus amigos puedan tocar, no deje de insinuarlo, muy seguro del placer que tendríamos de verlo libre y salvo".

En esos mismos días, Dalmacio, desde Córdoba, le escribía a Sarmiento sobre la situación política de aquella provincia, los avances de la ciudad en su edificación, la próxima inauguración del ferrocarril y los preparativos para la exposición de la industria que se realizaría el año siguiente. Al final de su carta le pide: "Visítela mucho a mi hija Aurelia, léale esta carta por si no tengo tiempo de escribirle. Manuela y Rosario le mandan mil recuerdos; dé los de mi parte a los ministros compañeros, y disponga de su más afectuoso amigo".

Esta carta disipa cualquier duda sobre el apoyo de Dalmacio a la relación de su hija con Sarmiento. El mismo le pide que en su ausencia la visite. Claro que Sarmiento no necesitaba que su amigo y ministro le insistiera mucho. Separado de su mujer, Sarmiento continuó sus relaciones con Aurelia las cuales, aunque nunca fueron formalizadas públicamente, eran conocidas por todos. Cuando se supo la designación de Vélez Sarsfield como ministro, el diario *La Nación Argentina* ironizó: "Hace mucho que Sarmiento está magnetizado por Vélez", en clara alusión a Aurelia y no a Dalmacio.

Por su parte, Benita continuaba viviendo en Buenos Aires y no abandonaba la idea de reconciliarse con su marido y convertirse en la primera dama. En una ocasión le pidió ayuda a su amiga, Carmen Nóbrega, mujer de Avellaneda, otro de los ministros del gabinete nacional, quien intentó provocar un encuentro entre ambos. Informada sobre los gustos de Sarmiento, una noche lo invitó a su casa a comer empanadas. Por supuesto, Benita también acudió a la cita sin que él lo supiera. Ni bien Sarmiento traspasó la puerta de los Avellaneda, sin ver a su esposa, que lo esperaba en la sala, alzó la nariz y dijo, mientras entregaba su bastón a la servidumbre: "Aquí hay olor a mi mujer". Sin más explicaciones, pidió que le devolvieran sus pertenencias y se fue.

A comienzos de 1871 una epidemia de fiebre amarilla azotó Buenos Aires. De la enfermedad sólo se conocía el nombre. Al principio se pensó que únicamente atacaba a los pobres que vivían hacinados en los conventillos, en condiciones de higiene más precarias que el resto de la ciudad, lo que ya era mucho decir. Pero pronto se extendió también a las casas de los más pudientes y entonces cundió el pánico. Se tomaba limonada Rogé porque se creía que podía prevenir el mal, y cuando los síntomas se declaraban los médicos recetaban manzanilla bebida y aceite de oliva, en un combate contra una enfermedad fantasma.

Parecía que el cielo se había ensañado con los porteños. Una lluvia diluviana acompañaba la tragedia y, por las noches, ahogaba el ruido de los carros que transportaban a los muertos y a los enfermos.

Los Vélez Sarsfield decidieron refugiarse en la estancia de Arrecifes. La administración pública no funcionaba, tampoco los bancos ni las escuelas, y los negocios abrían unas pocas horas al día y estaban desabastecidos. Nada tenía que hacer el ministro del Interior en la ciudad porque la atención de la epidemia estaba a cargo del gobierno provincial, que no acertaba con las medidas para detenerla. Un día ordenaba hacer fogatas de paja, madera y alquitrán. Otro día aconsejaba la desinfección con cal, ácido carbónico y vapor. Al siguiente mandaba empedrar los patios internos y deshacer los gallineros. Mientras tanto, poco se hacía con los deshechos que con impunidad los saladeros arrojaban al río, en el mismo lugar donde los aguateros extraían el agua y donde, además, se llevaba a los animales a beber.

Aurelia no quería alejarse de Sarmiento, pero tampoco de su padre al que, últimamente, notaba cansado y sin fuerzas. En Arrecifes, a través de la correspondencia de Dalmacio, se mantenía al tanto de la situación. El 29 de abril Vélez Sarfield le escribió a

Luis Varela que había escapado por milagro de la fiebre: "He recibido su carta del 21 del presente y por ella recién he sabido de su enfermedad, por la cual lo felicito, pues pasado el peligro queda en mejor situación que todos los que andamos huyendo de la amarilla". Después le dice: "Por el número de muertos no veo que la epidemia se vaya, como usted me dice. Escríbame sobre esto para no desesperarme por el destierro en que vivo". Después pudo establecerse que en marzo de aquel año habían fallecido 4.895 personas y en el mes siguiente 7.535 enfermos, casi el diez por ciento de la población de Buenos Aires.

Auelia, igual que su padre, se aburría en Arrecifes. Ya habían recorrido a caballo todas las vecindades y extrañaban una vida social más activa. En ese pueblo no tenían a quién visitar, y además sufrían la falta de información. "Mándeme todos los diarios que vayan al Ministerio —le pide Dalmacio a Varela—

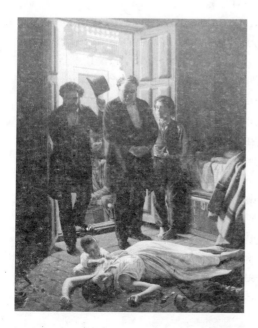

Fiebre amarilla en
Buenos Aires, 1871.

aunque sean ingleses o franceses, que los recibiré como a los huéspedes más esperados." En una siguiente carta del 13 de mayo le anuncia: "Cuando la mortalidad en Buenos Aires baje hasta veinte diarios yo me iré a mi quinta a esperar la terminación de la fiebre, algunos días más, ya estoy pensando que el 26 de este mes pondré la cara a Buenos Aires".

Y así fue. En junio de 1871, Aurelia nuevamente estaba instalada en la casa de la ciudad, más comprometida que antes con las tareas de su padre, porque se daba cuenta de que sus fuerzas ya no le alcanzaban. Dalmacio tenía más de setenta años y la vejez avanzaba sin remedio. Hacía ya muchos años que en Buenos Aires lo llamaban "el viejo Vélez", pero ahora era verdad. Y Aurelia lo sabía. En mayo de 1872 ella lo animó a que presentara su renuncia al ministerio y convenció a Sarmiento para que la aceptara. Le aseguró, de todos modos que, en lo que pudiera, continuaría acompañándolo.

Todos los días, al finalizar sus trabajos presidenciales, Sarmiento enfilaba su carruaje hacia la casa de los Vélez para encontrarse con Aurelia. Esta situación, conocida por todos, fue aprovechada para atentar contra su vida. Cuando Sarmiento se dirigía a la Casa de Gobierno o a algún acto oficial, iba acompañado por una guardia militar en una costumbre que él había inaugurado para imponer el respeto a su investidura entre los ciudadanos. Pero cuando se trasladaba por cuestiones privadas, lo hacía sin custodia y desarmado.

En la noche del 23 de agosto de 1873, al cruzar la esquina de Corrientes y Maipú, se produjo un alboroto en la calle a causa de una fuerte explosión. El cochero apuró la marcha, pero Sarmiento ni se enteró porque su sordera estaba ya muy avanzada. Al llegar a la casa de los Vélez encontró en la puerta a Aurelia, que lo esperaba nerviosa después de escuchar lo que le habían parecido disparos. Enseguida llegó O'Gorman, jefe de la Policía, que le informó que acababa de frustrarse un atentado criminal contra su vida. Ante el descreimiento del presidente, el oficial le dijo que habían encontrado en el lugar un puñal y un trabuco reventado y que, además, habían capturado a dos sujetos que intentaban escapar amparados por la oscuridad, uno de ellos con quemaduras en la mano a causa de la explosión del arma excesivamente cargada.

Luego se supo que los criminales se apellidaban Guerri, que eran dos hermanos italianos contratados por López Jordán para acabar con la vida de Sarmiento en represalia por la persecución del gobierno nacional luego del asesinato de Urquiza.

Pero lo que más afligió a Sarmiento, tal como después lo comentó en la casa de Vélez, fue que luego del análisis que realizó el químico doctor Puiggari, se pudo establecer que tanto las balas como el puñal estaban impregnados de cloruro de mercurio o sublimado corrosivo, lo que le hubiera producido la muerte instantánea ante la más leve herida.

Aurelia lo abrazó muy fuerte cuando Sarmiento le dijo: "Si me hubiesen sólo rasguñado, mis enemigos habrían dicho que me morí de miedo".

París, agosto de 1900

Hace tres días que un resfrío retrasa mi viaje. Decidí conocer los lagos de Italia e iré con Francesca, la persona que me recomendaron los Doynell para que me acompañe y me sirva.

Estoy harta de hablar con ella, pero peor es no hablar con nadie. Alcira y Sofía se fueron al Mediodía y acá quedé, sola.

Francesca es una buena mujer pero limitada, naturalmente. Me conmovió su alegría cuando le dije que nos íbamos a Italia. Para ella es la única manera de volver a su tierra aunque sea por unos días. Tal vez haga menos penosa mi búsqueda. Compraré una urna para Tatita.

—Francesca, ¿usted entiende de madera? —le pregunté.

—¿De qué?

—De madera, Francesca. Tengo que comprar una urna y quiero conseguir la mejor.

—¿Una qué? ¿Qué es una urna? —dijo con el ceño fruncido como si le estuviese hablando de la radiactividad.

—Como una caja grande —le expliqué impaciente y cansada de que me entendiera la mitad de las cosas.

—¿Como un mueble?

—Bueno, sí, como un mueble.

—¡Ah!, entonces hay que ir a Milán.

El resfrío me seguía molestando, creo que tenía fiebre y decidí quedarme en la cama hasta el mediodía. Le pedí a Francesca que si me dormía me

108

despertara antes de almorzar. Si me sentía mejor po-
dríamos viajar al día siguiente.

Lo vi entrar al cuarto, joven como
cuando me lo presentó Tatita, con esa mirada tierna
que contradecía su figura hosca. Apoyó en el piso un
paquete y empezó a desenvolverlo. Cuando terminó
me miró sonriendo: una urna de madera, lustrosa,
que reflejaba y distorsionaba mi imagen. La puso en
el medio de la habitación y apoyó el pie sobre ella.

—¿Por qué tardaste tanto? —le dije con
voz ahogada.

No pude entender su respuesta, pero a
medida que hablaba su rostro cambiaba de forma, se
derretía y debajo de lo que caía como cera, se iban de-
lineando otros rasgos. Al terminar, era Tatita con mirada triste.

Me desperté sobresaltada y no dudé:
mañana mismo nos vamos a Italia.

CAPITULO V

"Estaba muy triste de sentirme tan sola y creo que por extraordinario me permití las lágrimas."

Aurelia Vélez a Sarmiento
desde Jesús María, Córdoba,
20 de enero de 1879.

Para Aurelia febrero era un mes muy importante. El 18 cumplía años su padre y, desde pequeña, se había acostumbrado a preparar los festejos. Muchos años después, se le sumó otro agasajo: el de Sarmiento, que casualmente celebraba su cumpleaños tres días antes.

Aquel febrero de 1875 Aurelia se preocupó más que nunca para que la fiesta animara a su Tatita, que desde hacía meses luchaba con su estómago enfermo, y también alegrara a Sarmiento, que acababa de concluir su presidencia agotado física y moralmente. Una antigua afección en las vías respiratorias se había agravado causándole una sordera total, además de condenarlo a pasar los inviernos con un resfrío constante.

Dalmacio cumplía setenta y cinco años y era consciente de la proximidad de la muerte. Sarmiento, con sesenta y cuatro, intentaba disimular su tristeza por la traición de algunos de sus amigos, sobre todo la de Mitre, que se había levantado en armas al final de su gobierno acusándolo de fraude en las elecciones en las que había triunfado Nicolás Avellaneda. Mitre fue derrotado, pero a Sarmiento le produjo un profundo dolor no sólo la actitud del amigo que tanto lo había acompañado en épocas difíciles de su vida, sino sobre todo cumplir con su deber de enviarlo a la cárcel. Además, como suele suceder, una vez alejado del poder, Sarmiento recibió una lluvia de acusaciones por su gestión política y también por su situación personal la que, obviamente, involucraba a Aurelia.

Al culminar su mandato, Sarmiento no contaba con otro ingreso más que su sueldo de coronel retirado y ni siquiera tenía una casa para vivir. Dos años antes, cuando todavía era presidente, en respuesta a su amigo Posse, que le anunciaba su deseo de viajar a Buenos Aires, él le escribía: "Más lastimosa cuenta tengo que darte de tu pedido tan cariñoso, tan de amigo, de venir unos días a pasarlo conmigo en mi cuarto, para hablar de cama a cama. Ven, si quieres aceptar esta precisa condición, pues en la casa en que vivo, no hay una sola pieza de qué disponer. Mi sirviente sale a dormir a la calle. ¡He aquí un presidente en condiciones bien estrechas!". Pero su amigo, Manuel Ocampo, que le había administrado su sueldo presidencial, logró ahorrar en seis años la suma de veintiocho mil pesos, con los que pudo comprar la casa de la calle Cuyo 1251 (hoy Sarmiento), en la que se instaló con su hermana Rosario, su hija Faustina y sus nietos. Por fin, después de muchos años, iba a vivir en familia.

¿Por qué ahora que estaba libre de la presidencia no decidió vivir con Aurelia? Las respuestas son recurrentes. Ella estaba dedicada a cuidar a su padre enfermo, al que de ninguna manera iba a abandonar. El debió enfrentar, otra vez, a su ex esposa, que en este tiempo redobló sus ataques. Ni bien Sarmiento se instaló en su nueva casa, Benita hizo circular por Buenos Aires el rumor de que mientras él vivía con toda comodidad se negaba a pasarle alimentos después de haberle despilfarrado su fortuna, y llegó hasta iniciarle un juicio. Además, por supuesto, de criticar las relaciones irregulares con Aurelia.

Sin embargo, Sarmiento decía lo contrario. En la carta a Posse mencionada anteriormente le escribe sobre su pobreza: "Esta posición me la hice en Chile, tú bien sabes; una calavereada de muchacho (en referencia a la relación que dio como fruto a su hija Faustina), y después la muchachada de tener corazón y escucharlo por medio de un hijo (aludiendo a su matrimonio con Benita), me han dejado cojo para toda la vida. No sé qué hacer con mi vejez que se hace sentir, ni a qué hogar arrimarme". Tenía muy claro cuánto dinero había destinado a su mujer, y años después, en ocasión de redactar su testamento, dejó la siguiente constancia: "Declaro que no obstante tener ella (Benita) bienes bastantes para sostenerse, he costeado su subsistencia durante la separación, dejándoles mis sueldos de Jefe del Departamento de Escuelas hasta que fui sustituido por el Presb. don Juan B. Peña; dos mil fuertes que le dio por mi cuenta don Manuel Ocampo; sesenta pesos mensuales que se pasaban por el ministerio de Relaciones Exteriores mientras fui ministro en Washington; doscientos pesos fuertes mensuales durante seis años que fui presidente; ochenta pesos fuertes mensuales que se hizo asignar judicialmente por vía de *litis expensas*, y que ha usado durante diez

Nicolás Avellaneda.

años que hace se le pagan sin que haya iniciado juicio alguno. Ultimamente novecientos pesos fuertes que debía a doña Carmen Vicuña en Chile, y pagué yo en Buenos Aires, capital e intereses cuyo documento cancelado existe en mi poder, todo lo cual suma más de treinta mil fuertes que he dado a la expresada Señora, por un sentimiento de decoro, teniendo ella bienes bastantes para sostenerse y en mayor cantidad que yo".

De acuerdo con este documento la acusación de Benita era falsa, aunque Sarmiento olvidó precisar en su testamento cuáles eran sus ingresos totales. A partir de 1875, fue designado senador por San Juan, ascendido a general en retiro, nombrado director del Parque Tres de Febrero y director general de Escuelas de la Provincia de Buenos Aires, además de encargarse del Arsenal de Zárate y de su labor periodística en *El Nacional* y en *El Censor*, diario que fundó en el año 1885. Según Manuel Gálvez, Sarmiento llegó a cobrar simultáneamente cinco sueldos.

Pero el reclamo de la esposa, más que económico, era afectivo. Todavía sostenía la esperanza de recuperar a su marido. Cuando Sarmiento finalizó su mandato presidencial comenzó a escribir *Vida de Dominguito*. Por esa razón tuvieron un encuentro en el que Benita le facilitó documentación sobre los últimos años del hijo en común, disgustado con su padre tras la separación. Tal vez soñó que, alejado ahora de las luchas políticas, enfermo y solo, Sarmiento podría recapacitar y tomar la decisión de pasar con ella sus últimos años.

Nada de eso ocurrió. Sarmiento se instaló con su familia y continuó sus relaciones con Aurelia, que ahora lo necesitaba más que nunca, porque sufría al ver cómo cada día su padre se apagaba lentamente. Por las noches, solía sentarse junto a ella para acompañar a Dalmacio, cada vez más delgado pero también más lúcido, lo que acrecentaba el dolor del desenlace. En la madrugada del 30 de marzo de 1875, un sirviente de la casa de los Vélez llegó hasta la de Sarmiento con un mensaje de Aurelia: "Tatita ha muerto".

A las cuatro de la tarde de ese día, durante el sepelio, la diminuta figura de Aurelia parecía más pequeña aún dentro de su vestido negro. Aunque no se le veían lágrimas, la tristeza le había transformado el rostro. Ella sabía del dolor de la incomprensión, de las murmuraciones, del amor postergado, pero no conocía el dolor sin solución de la muerte, el que ahora debía enfrentar, sin saber que era el primer paso de un largo camino de soledad. Con las manos apretadas subió al carruaje junto a su madre y su hermana Rosario, también enfermas, y su hermano Constantino. Vio cómo los soldados de la escolta presidencial, con uniformes de gala y las espadas desenvainadas, se formaban detrás de los restos de su padre, y alcanzó a divisar durante el trayecto por el Paseo de Julio las banderas a media asta de los edificios públicos en honor de su Tatita. Sabía que detrás marchaban los coches del presidente de la República, del general Roca, de los demás ministros, del doctor Alsina y que, siguiéndolos, venía Sarmiento. Pero nada la consolaba. Tampoco los cinco cañonazos disparados por la Batería Once de Septiembre cuando pasaron por la Plaza del Retiro.

¡Si su padre pudiera ver tantos honores después de medio siglo al servicio del país! Lo habrían resarcido de las desilusiones y de los disgustos que ella muchas veces tuvo que consolar. Si él pudiera escuchar al presidente Avellaneda decir: "La gratitud nacional debía tener un intérprete en esta ocasión, e inclinándome con respeto profundo dejo caer de mis manos sobre los restos mortales del doctor Vélez Sarsfield el puñado de polvo que separa por la eternidad a los muertos de los vivos". Le hubieran gustado más las palabras de Sarmiento porque era su amigo de verdad: "Que descansen en paz las cenizas de mi amigo, y del gran servidor de su país. Con ellas desaparece todo lo que a la fragilidad humana pertenece. Quedan con nosotros, y las sentirán las generaciones futuras, las fuertes emanaciones de su alma, hechas carne en el desarrollo comercial, en el bienestar que difunde el crédito, en la justicia que extirpa el mal por la aplicación práctica de las leyes (....) Adiós, viejo Vélez!".

¡Si viese los diarios! Sonreiría al leer que *La*

Tribuna lo calificara como "el primer sabio de la América del Sur", o que *La Nación* dijera: "En medio de luchas ardientes de la política en que militó el doctor Vélez en primera fila, muchos golpes le serían asestados; mas hoy, en presencia de su tumba, nos inclinamos con respeto, tributando a su memoria el recuerdo que le es debido". Seguramente se le habría ocurrido alguna de sus salidas irónicas e inteligentes imaginando escribir este párrafo al mismo Mitre, de quien era un antiguo adversario desde los tiempos en que fue su ministro de Hacienda... Pero su Tatita ya no estaba.

En los meses siguientes Aurelia trató de acostumbrarse a la ausencia de su padre, y a la angustia de aquella muerte sumó enseguida la enfermedad de su madre y la debilidad de Rosario, que poco podía ayudarla en su labor de enfermera, ahora prolongada.

Además, asistía con impotencia a los ataques, rayanos en la burla, que sufría Sarmiento, recientemente designado senador nacional por San Juan. Parecía revivir los últimos tiempos de la gestión pública de Dalmacio, cuando ella le aconsejó retirarse. Sarmiento no sólo no consideraba la posibilidad de alejarse, sino que soñaba con una segunda presidencia, resistiéndose a entender que los tiempos habían cambiado y que otra generación se abría paso en la política. Los diarios, salvo *El Nacional*, lo atacaban. Era abucheado en el recinto donde no podía responder con celeridad y certeza porque se había quedado absolutamente sordo.

Hasta debió enfrentar en la Plaza de la Victoria a una multitud de jóvenes que lo insultó luego de que en la cámara se discutiera una ley de Amnistía, destinada a los militares revolucionarios de 1874 que se habían sublevado contra él mismo al final de su presidencia. Avellaneda, como nuevo mandatario, proponía un indulto. Sarmiento quería posponer la sanción de esta ley pero, como miembro de la comisión de Negocios Constitucionales del Senado, redactó un proyecto para modificar el que se había aprobado ya en la Cámara de Diputados, con el que se convirtió en un pionero de la "ley de obediencia debida" sancionada por el Congreso más de cien años después, al proponer exonerar a los oficiales que, en cumplimiento de órdenes superiores, hubieran cometido "irregularidades" en su ejecución. A la salida del Congreso caminó dos cuadras entre un grupo que le gritaba: "¡Asesino!", "¡Loco!", "¡Abajo la chancha renga!", como comenzaron a llamarlo y hasta le mostraban los puños.

Sarmiento con uniforme de general.

Cuando Sarmiento llegó a la esquina de Bolívar se descubrió, mostró la cabeza calva y blanca y les dijo: "¡Insulten canas!".

Esa noche, como siempre, Aurelia lo esperó en su casa, esta vez para consolarlo. Y con dolor leyó en los diarios el discurso con que Sarmiento intentó defenderse en el Senado: "Si las voces de reprobación, si los gritos que se dan, si la fuerza del número que pesan sobre mí principalmente son los medios de coacción para hacerme pensar como desean los que piensan en contra de mis ideas, yo diré a los que tengan la posibilidad de hablar con esos jóvenes, que no conocen la historia. Yo soy Don Yo, como dicen, pero este don yo ha peleado a brazo partido veinte años con don Juan Manuel de Rosas y lo ha puesto bajo sus plantas, y ha podido contener los desórdenes de Urquiza, luchando con él y dominándolo; todos los caudillos llevan mi marca. Y no son los chiquillos de hoy en día los que me han de vencer, viejo como soy, aunque dentro de pocos años la naturaleza hará su oficio".

Aurelia no tuvo muchas posibilidades de consolarlo. Su madre se agravó, Rosario enfermó de tuberculosis, un mal incurable en aquella época. Decidieron, entonces, partir hacia Córdoba, con la esperanza de encontrar mejoría en el clima serrano. Se instalaron en Jesús María, donde Aurelia se repartía en la atención de ambas enfermas. Desde aquel lugar, como durante toda su vida, le escribió a Sarmiento:

> Ahora dos o tres tardes fui a ver ponerse el sol desde las barrancas. Había llovido y el agua no llenaba sino que dibujaba lo que alguna vez es el río. Ni una nube. El sol se ponía joven, espléndido, detrás de aquellas lomas que hacían masas negras.

Estaba muy triste de sentirme tan sola y creo que por extraordinario me permití las lágrimas.

Así estuve hasta que sentí que no estaba sola. Era una niñita de como tres años que estiraba su manecita para darme tres nardos, y una otra florecilla del campo. Como el pensamiento de hacerlo no podía venir de ella, busqué con la mirada y encontré lo que se encuentra siempre cerca del niño ¡la madre! que comprendiendo mi aislamiento, me mandaba lo único que poseía, ¡su hija y tres nardos!

¡Estas muestras de que hay corazones sobre la tierra consuelan de muchas cosas! Volvía más tranquila, y coloqué los nardos en el retrato de Tatita.

Aurelia sentía flaquear sus fuerzas viendo morir a su hermana de apenas veintinueve años, y con esta carta, aunque no expresamente, se lo confiaba a Sarmiento y, quizás, por primera vez, ella le anunciaba que había llegado su turno de sostenerla. Así lo entendió él: a pesar de encontrarse en pleno combate político por su candidatura presidencial para suceder a Avellaneda y a su reciente fracaso en el ministerio del Interior —cuya gestión duró poco más de un mes y terminó en escándalo— no dudó en viajar a Córdoba.

Un mediodía de noviembre de 1879, Aurelia apoyó por fin su cabeza en el hombro de Sarmiento. El estaba dispuesto a quedarse para acompañarla y tratar de aliviar en lo que pudiese la situación. Aurelia le contó que Rosario se encontraba muy mal, que ya habían perdido las esperanzas de su recuperación y que la enfermedad de su madre se agravaba. Le dijo que su hermana ya casi no podía hablar y que había adelgazado hasta el extremo. Cuando Sarmiento la vio se echó a llorar y exclamó: "Es tan triste para un anciano ver morir a quien vio nacer".

Juntos estuvieron al lado de Rosario en sus últimos momentos y Aurelia tuvo muy apretada la mano de Sarmiento cuando su hermana murmuró: "se me hielan los pies, me sube a la rodilla, esto es ya la muerte, pásenme el rosario". Después, la miró a Aurelia y le dijo: "Adiós, Petisa".

Fue Sarmiento, en nombre de la familia Vélez, el encargado de despedir los restos de Rosario en el cementerio de Córdoba. En el discurso que pronunció entre sollozos contenidos expresó: "Tócame, señores, a nombre de la familia, dar las gracias a la escogida porción de amigos que acompañan a los deudos de Rosario Vélez, venida de Buenos Aires para hallar una tumba en lugar de la salud que buscaba. No se explicaría a los ojos de los indiferentes por qué se reúnen alrededor de esta tumba, que va a encerrar los restos de una joven, hombres de edad provecta, sabios, magistrados y ancianos doblegados por los años... El secreto está en que todos ellos sienten la memoria del ilustre jefe de la familia, como si el alma del doctor Dalmacio Vélez Sarsfield descendiera a recoger en su seno el alma de su hija, para llevarla a la mansión de paz".

Aurelia no tuvo fuerzas para asistir al sepelio. Pero tiempo después le escribió a Sarmiento agradeciéndole sus palabras: "No le dije a usted nada del discurso, porque siendo tan mío, temía no poder juzgarlo imparcialmente. De ahí venía mi empeño para que usted pidiese cuantos pudiese haber, quería repartirlos y hacerlos leer por muchos, segura de que dirían lo que era inevitable decir, que era precioso porque era usted mismo".

Diez días después de la muerte de Rosario, Aurelia se despedía de Sarmiento en el andén de la estación del tren del norte. Habían permanecido juntos poco más de dos meses y ella no podía regresar a Buenos Aires porque ahora le quedaba cuidar a su madre.

Hacía cuatro años que Aurelia estaba dedicada, exclusivamente, a atender a los enfermos de su familia. Primero su padre, luego su tía, después Rosario y ahora Manuela, que tenía setenta y cuatro años y hacía varios que sufría de lo que en la época se llamaba "tic doloroso" y que era calificado como "una de las más crueles enfermedades que pueden afligir a la especie humana".

Como si la muerte se hubiese enseñoreado de la familia Vélez, en la madrugada del 29 de marzo de 1880, a tres meses del deceso de su hermana, Aurelia veía morir a su madre. En sólo cinco años había perdido a casi toda su familia. Sólo le quedaba su hermano Constantino, que hacía quince años se había casado con Carmen Agnesse y vivía lejos, en San Pedro, junto a su mujer y sus siete hijos. A los cuarenta y cuatro años se había quedado sola, aunque todavía lo tenía a Sarmiento.

Una semana más tarde volvió a Buenos Aires y su nombre, junto al de Constantino, apareció en un aviso fúnebre de *El Nacional* invitando al funeral que

Tarjeta personal de Aurelia Vélez.

por Manuela y Rosario se rezaría en la Iglesia de San Miguel Arcángel.

Ni bien llegó a la ciudad, otra preocupación ensombreció su espíritu. Sarmiento se empecinaba en su candidatura presidencial con el solo apoyo de algunos amigos como Aristóbulo del Valle y Anselmo Ocampo, que recorrían las provincias promoviendo su nombre. El resto de los políticos y sobre todo los diarios y revistas se ensañaban con él, más bien se burlaban tratándolo de anciano loco y quijotesco.

Aurelia sufría por esta injusticia y al día siguiente del funeral de su madre se obligó a ir hasta la Plaza de la Victoria, donde Sarmiento iba a entregar una bandera nacional al Regimiento 11 de Línea. En su carácter de general de la Nación vestiría el uniforme correspondiente y Aurelia sabía, igual que el resto de Buenos Aires, que la juventud porteña adversaria se había dado cita en el atrio de la Catedral para reírse del "disfraz" que, según decían, se lo había pedido prestado al general Roca porque carecía de uno propio.

¿Por qué se reían de él, si tenía más méritos que muchos otros para ser general? Fue alférez en San Juan, capitán en el ejército del general Paz, teniente coronel en el del general Urquiza, todos grados obtenidos empuñando las armas. Hasta había fundado el Colegio Militar. El no era un oficial ocioso e inservible al que se le pagaba el sueldo por nada, como solía decir su Tatita. Era verdad que Sarmiento tenía actitudes excéntricas, pero siempre había sido así. La hilaridad que ahora provocaba estaba más relacionada con su vejez que con sus locuras. Y a Aurelia, que tanto había venerado y cuidado la ancianidad de su padre, le indignaba esta falta de respeto hacia quien en el pasado había sido presidente de la República y, además, hoy era el hombre que ella amaba. Si hubiese podido habría gritado a esos chicos burlones la misma frase que él incluyera en su propuesta como candidato: "No os riáis, jóvenes, de las canas que son la nieve humana (...) ¡Por ahí vinimos nosotros, los viejos, a daros patria!".

Por fin, cuando la figura del anciano general se recortó en la esquina de San Martín y Rivadavia luciendo su sobrio uniforme de gala con la dignidad ganada en tantas luchas, los muchachos no se atrevieron a pronunciar palabra. El resto del público, entre los que se encontraban del Valle y otros simpatizantes, estalló en aclamaciones y Aurelia aplaudió con ellos.

Como en otros períodos de su vida, fue Aurelia quien sostuvo a Sarmiento en su decepción al ser derrotado en las elecciones presidenciales por Julio A. Roca, un joven general de treinta y siete años, y en su resentimiento por no haber participado en la federalización de Buenos Aires, cuestión que había enfrentado a la Nación por más de cincuenta años y que ahora la venían a resolver "estos mozalbetes" como Leandro Alem, José Hernández, Miguel Cané, entre otros.

¿Se daba cuenta ella de que Sarmiento entraba en la ancianidad y que en su resistencia al paso del tiempo, en su negativa a ser tratado como una reliquia, adoptaba actitudes a veces ridículas? ¿Le habrá pedido, como a su Tatita, que se retire y deje paso a los más jóvenes? Todo parece indicar que no. Aurelia se resistía a verlo como a un anciano porque eso era admitir la proximidad de su muerte y la idea le hacía doler el corazón. Por el contrario, como siempre, lo animó y lo acompañó.

Cuando en febrero de 1883 la Escuela de Artes y Oficios de Montevideo lo invitó a presidir sus exámenes, Aurelia se embarcó junto con él sin tener en cuenta, una vez más, las murmuraciones que por supuesto circularon por Buenos Aires, donde era imposible mantener en secreto un viaje de ese estilo. En aquel tiempo, los diarios daban cuenta cuando algún personaje conocido o de la alta sociedad salía del país o simplemente viajaba a otra provincia.

En esa ocasión —cuenta Paul Groussac, que también había sido invitado al Uruguay en su carácter de director de la Escuela Normal de Tucumán—, Sarmiento pronunció un discurso de tono agresivo en la Escuela Normal de Mujeres, atacando los avances clericales en la educación. Aurelia, que asistía al acto en primera fila, debió hacer esfuerzos para no reírse cuando lo oyó calificar a las religiosas de la Santa Unión de los Sagrados Corazones como "filoxera de la educación" (filoxera es un insecto que destruye la raíz de la vid) y como "hermanas de caras feas, aldeanas y labriegas en su tierra" que con "sus formas de mortaja no pueden servir para educar damas y señoritas".

Al finalizar su disertación, Sarmiento entregó el original para que fuera publicado en el diario La Razón de Montevideo, y después se fue a cenar con Aurelia a la Confitería Oriental del centro de la ciudad. Durante la comida ella le dio su opinión sobre lo que había escuchado. Reasumió su antiguo oficio de "asesora" y le cuestionó como subidos de tono los calificativos que había usado. Sarmiento, como siempre, no sólo escuchó atentamente su opinión sino que también siguió su consejo, y cuando Groussac le envió una esquela diciéndole que creía necesario corregir su discurso antes de darlo a conocer, Sarmiento le respondió también por escrito: "Estoy comiendo y no puedo moverme. He oído el parecer de damas que son jueces en materia de gusto y oportunidad y hallan que suprimiendo adjetivos que se refieren al aseo (de las monjas) todo está hecho. Primera y segunda parte *ad libitum*. Lo de filoxera atenuado, *voilà tout*. Pero la batalla está *engagé*, y un general de la República no retrocede; peor será no darla y darse por vencido. A las nueve lo espero, si acepta. (...) Sarmiento".

A las diez de la noche —continúa el relato de Groussac—se reunieron en uno de los salones del hotel en el que se alojaban "con la amable presencia de doña Aurelia Vélez Sarsfield" donde finalmente corrigieron el texto.

De regreso a Buenos Aires, Aurelia pasó el resto del año ocupada en los trámites de la sucesión de sus padres. Así lo demuestran los escritos judiciales en los que Constantino cede a su hermana el dinero que la madre tenía ahorrado en los bancos: 9.957,50 pesos en el Banco Nacional y 26.598 pesos en el Banco de la Provincia de Buenos Aires. Con parte de esta suma, Aurelia compró su casa de la calle Libertad 1227, donde vivió hasta su muerte.

Mientras tanto, el presidente Roca le encomendaba a Sarmiento su última misión oficial, que consistía en viajar a Chile para asistir a una convención latinoamericana sobre edición de libros y traducción al castellano de obras científicas. Aurelia se afligió seriamente. Sarmiento tenía setenta y tres años y el trayecto era muy duro para un anciano. El viaje de ida lo realizó en barco. Al regreso, desoyendo las advertencias de Aurelia y de su familia, insistió en visitar Mendoza y San Juan, por lo que debió cruzar la

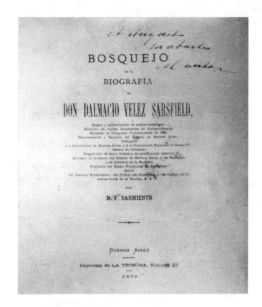

Portada de *Bosquejo de la Biografía de Don Dalmacio Vélez Sarsfield* que Sarmiento escribió con la ayuda de Aurelia.

cordillera en carruaje y en la zona de las altas cumbres a lomo de mula.

Aurelia sabía que era inútil pedirle que renunciara a esa idea, sobre todo cuando ambos intuían que, tal vez, fuera la última vez que viera el paisaje de su provincia natal. Además, sus comprovincianos le preparaban una imponente recepción que le levantaría el ánimo después de sus últimos fracasos.

Pese a su preocupación, Aurelia no abandonó ni el humor ni la ironía, además de informarle de cuestiones caseras como la marcha de algunos arreglos en su casa. El 15 de abril de 1884 le escribió a Mendoza:

> Por su telegrama veo que ya no está para mulas, que tampoco lo estarán ellas para cargarlo a usted; ha sido mucha experiencia, pero como usted hace lo que le ocurre sin mirar a los lados, es inútil toda otra cosa que no sea la aplicación consiguiente en los que se interesan por usted con el deseo de que ello no tenga consecuencia.

Nada ocurre que merezca ser narrado ni usted tendrá tiempo ni humor de leer cartas que tan poco dicen. Espero que lo veremos en este mes y entonces oiré la narración de sus triunfos. Su cuarto sigue arreglándose, pero como hay tanta escasez de trabajadores con las obras de La Plata, todo está retardado; es de creer sin embargo que lo encontrará listo.

Será ésta la última que le escriba según creo, pero si supiera que retarda su venida lo haré creyendo interpretar así ya su deseo a sus órdenes.

Cuídese, éste es mi único y reiterado encargo, y haga tranquilamente su vuelta. Hasta entonces y siempre affma.

Aurelia.

Hacía ya dos años que se había inaugurado La Plata, pero como consecuencia de la federalización de Buenos Aires las autoridades provinciales decidieron trasladar la sede del gobierno a esa ciudad, lo que obligó a adecuar los edificios para la nueva función. Al mismo tiempo, el intendente Torcuato de Alvear se propuso renovar la ciudad de Buenos Aires para colocarla a la altura de su nuevo rango de Capital Federal. Ordenó demoler la Recova que dividía la Plaza de la Victoria, paseo que desde ese momento se llamó Plaza de Mayo. Se construyó el Hipódromo, el edificio de la Bolsa de Comercio y hospitales como el Rawson, el Pirovano y el Rivadavia. No había albañiles que alcanzaran para tanta construcción y a Aurelia le costó bastante encontrar alguno que se ocupara de las refacciones en la casa de la calle Cuyo.

Pero a ella, más que sostener las paredes de la habitación de Sarmiento, lo que más le preocupaba era el deterioro de su salud. Estaba al tanto de la hipertrofia cardíaca que le habían diagnosticado en

1876 y por la cual le daban en ese momento dos años de vida. El médico se había equivocado en el pronóstico o, como siempre, Sarmiento no encajaba en los moldes. Todos esos años Aurelia los vivió como un milagro, y aunque temía por su salud, no dejaba de celebrar cada una de las ideas con que él la sorprendía. Porque ésa era la actitud que lo mantenía vivo y ella no podía ni quería imaginar su existencia sin él. Cómo habrá sido de grande su amor que, aunque siempre se había negado a escribir en la prensa, ni siquiera en el periódico de su padre, ahora que a él se le ocurría fundar un diario, aceptó gustosa que le publicara sus cartas en la primera plana. Y con su firma y todo, por si a alguien en Buenos Aires le quedaban dudas de que ella estaba al lado de Sarmiento.

CAPITULO VI

*"Nada de impresiones por ahora, porque
ni la Catedral he visto. Ya se las daré pues
escribiré siempre."*

Aurelia Vélez a Sarmiento,
Sevilla, 16 de abril de 1885.

A principios de 1885 Aurelia inició su primer viaje a Europa. Tenía cuarenta y nueve años, una mujer mayor para la época. Por primera vez, en la última década, no tenía ninguna obligación que cumplir en Buenos Aires. Había atendido a sus familiares acompañándolos hasta su muerte. Sarmiento no necesitaba su ayuda para ninguna función política porque se había alejado de la actividad pública, salvo de la dirección de los diarios *El Nacional* y luego de *El Censor,* fundado por él.

El mandato del presidente Roca llegaba a su fin y Sarmiento quería sucederlo. Con su diario se dedicó a hostigar al candidato oficial, el cordobés Miguel Juárez Celman, de quien decía era un incapaz cuyo único mérito era ser cuñado del mandatario saliente.

Durante un año Aurelia estuvo fuera del país, y en ese tiempo visitó Portugal, España, Francia, Inglaterra, Suiza e Italia previa escala en Brasil. Su intención era, además, viajar a Egipto, pero no pudo hacerlo porque no encontró quien la acompañara. Se quedó sin ver las pirámides pero tuvo otros privilegios que quedaron estampados casi fotográficamente en sus descripciones. Fue una de las primeras turistas en ascender en tren al Corcovado, en Río de Janeiro, cuando faltaban todavía cuatro meses para que se inaugurara el ferrocarril. Arribó a París justo a tiempo para asistir al entierro de Víctor Hugo y pudo ver a la gran Sarah Bernhardt en *Theodora*.

Durante los veinticinco años que ya sumaba su relación con Sarmiento, en varias oportunidades él le había sugerido que se dedicara a escribir para publicar en la prensa, asegurándole que contaba con las dotes necesarias para hacer de su escritura una profesión. "No sabe usted los tesoros de estilo y composición que posee. (..) Acometa la empresa y escriba con el abandono con que me escribe a mí: éste es el grande estilo. Ponga en ello interés más serio que el que aparece a primera vista", le había escrito Sarmiento dos décadas antes. En otra carta en la que reproduce los elogios de un tercero a la escritura de Aurelia le dice: "Qué madurez de juicio, qué sencillez de estilo, derramando aquí y allí frases de maestro, pensamientos de filósofo, sin apercibirse de ello. ¿Por qué no escribe en la prensa?".

Se podrían ensayar algunas respuestas para la pregunta del admirador de Aurelia. Una la ofrece el mismo Sarmiento. El sostiene que no se decide a publicar sus escritos "porque es española. Ignora que piensa, que sabe, que escribe y cuando alguien se lo dice, duda porque la tradición de su base le hace creer que la razón no está en nosotros mismos, sino en las aulas, ¡y aulas españolas! donde se declara cada año seres racionales a un cierto número de hombres a quienes se les ha enseñado científicamente a ignorar y se les ha puesto una coraza para que la verdad que está en los hechos no les afecte nunca". Más adelante agrega otra razón: "No tiene fe en sí misma y no romperá las velas aranas del convencionalismo".

Aurelia intenta su propia explicación. Por un lado expresa miedo de defraudar las expectativas de Sarmiento: "Le agradezco mucho el juicio que sobre mis aptitudes se ha formado, dejarlo fallido el día en que me ponga a la obra es mi más grande temor". Por otro, confirma uno de sus cuestionamientos: "Para dirigirle al público fuerza es necesario dejar en suspenso el corazón y hacer trabajar la inteligencia".

Además, no quería agregar complicaciones a su vida. Las mujeres escritoras no contaban con prestigio porque para la sociedad de la época escribir era "cosa de hombres". Aurelia se acordaba muy bien de lo que le había pasado a Rosa Guerra cuando muchos años antes se atrevió a editar el periódico *La Camelia*. Recordaba la reacción general ante el lema del diario "Libertad y no licencia; igualdad entre ambos sexos", y había visto cómo todos aprobaron entre sonrisas irónicas y labios fruncidos, el verso que la revista del Padre Castañeda le había dedicado a Rosa: "No faltará quién exclame/ leyéndoos, hábil pluma/ y hasta habrá tal vez alguno/ que porque sois periodistas/ os llame mujeres públicas/ por llamaros publicistas".

Si todavía hoy, a casi doscientos años de aquel tiempo se busca el significado de la palabra "mujer" en el diccionario, entre todas las acepciones aparece una que dice textualmente: "Mujer del arte, de la vida, de mal vivir, perdida, pública, prostituta". En cambio, para la palabra "hombre" una de las definiciones es: "Hombre de la calle, el común de los mortales" y otra: "Hombre de letras, literato (Sinónimo V. Autor)".

No, Aurelia no quería complicarse la vida. Ya bastante tenía con su propia historia, con su pasada infidelidad, el fracaso de su matrimonio y su amor adúltero con Sarmiento, para sumar la profesión de periodista y exponerse a que de las murmuraciones en voz baja sobre su vida, pasasen a calificarla, sin sordina, como "mujer pública".

Si hasta el mismo Sarmiento tuvo que salir a defender a la Mansilla y a la Manso porque no las dejaban en paz con las críticas. "Eduarda (Mansilla) —decía Sarmiento— ha pugnado diez años por abrirse las puertas cerradas a la mujer para entrar como cualquier cronista o reportero en el cielo reservado a los escogidos —machos—, hasta que al fin ha obtenido un boleto de entrada, a su riesgo y peligro, como le sucedió a Juana Manso, a quien hicieron morir a alfilerazos, porque estaba obesa y se ocupaba de educación".

Para Aurelia estaba muy bien que Juana Manso peleara por el derecho a la educación. Que Cecilia Grierson golpeara las puertas de la facultad de Medicina, o que Mariquita Sánchez hubiese creado y dirigido instituciones protectoras de los niños, pero ella no era una militante. Tal vez porque encarnaba en su propia historia ese reclamo de igualdad de los géneros. Si a su estilo de vida poco convencional agregaba una enunciación teórica y pública, seguramente habría tenido que enfrentar una censura social superior a sus fuerzas.

Cada una en lo suyo, y a Aurelia le bastaba con amar a Sarmiento y que él le correspondiera. Sólo por amor Sarmiento pudo arrancarle el consentimiento

Muelle de Buenos Aires en 1885, cuando Aurelia Vélez inició su primer viaje a Europa.

para publicar sus cartas en los diarios que él mismo dirigía. Y antes de su partida le repitió: "Hablaremos como dos escritores, ayudando el más experimentado al que recién despliega las alas de su espíritu".

Los escritos, excepto uno, están redactados en primera persona, mantienen una estructura epistolar y están entrecortados con puntos suspensivos, lo que hace suponer que Sarmiento omitió publicar algunas consideraciones de carácter privado aunque otras decidió darlas a conocer. Si en Buenos Aires a alguien le faltaba enterarse de que ambos eran amantes, pudo saberlo por el diario, al leer expresiones como: "Cuánto lo extrañé y deseé que hubiese compartido emociones que ponen lágrimas en los ojos", o "Estoy alojada, con perdón de usted con mis compañeros de viaje..."; o esta otra: "No tengo ánimo para contarle mil pequeñas cosas entretenidas que me reservo para detallarlas a la orilla de la chimenea, en el próximo invierno, en que estaré de vuelta".

El primero de sus artículos apareció en *El Na-*

cional de enero de 1885 con el título "Ascenso al Corcovado", precedido por unos párrafos de Sarmiento en los que describe la bahía de Río de Janeiro y se refiere a la construcción de un ferrocarril hacia la cumbre del cerro. Para introducir el escrito de Aurelia señala: "Antes de estar concluida la rosca, espiral o tirabuzón férreo, pues línea no es, un grupo de damas argentinas ha tenido la buena fortuna de entrar en posesión, dirémoslo así, de ella, siendo las primeras en poner su pie femenil sobre la cima altiva del Corcovado, colocado a setecientos diez metros de altura sobre el nivel del mar que baña sus plantas. Sigue la descripción que tomamos de un capítulo de carta, llenando con publicarlo el deseo de las turistas que quieren dejar consignado 'que han sido las primeras en llegar hasta la cima del Corcovado' ".

Este es es el texto de Aurelia:

Le escribí de Río después de ver el Jardín Botánico. Al día siguiente hicimos un lindo paseo al Corcovado. Llegamos temprano a la estación y el jefe nos propuso ir en vagón de carga para aprovechar la mañana; aceptamos, y al partir se nos reunió el ingeniero de la línea que, encontrando en Aranda un compañero, nos hizo los honores del camino, o más bien, el zig-zag que nos llevó a la cima del Corcovado. ¡Estoy convencida de haber visto el más bello pedazo de la creación! Cuánto lo extrañé, y deseé que hubiese compartido emociones que ponen lágrimas en los ojos, y un sentimiento de reconocimiento en el corazón por el Creador que tales maravillas prodiga, a los que saben sentirlas. Como siempre, he encontrado que la inteligencia sigue tan de cerca a su Creador que se concluye por confundirlos. ¡Qué línea tan atrevida! ¡Cuánta dificultad vencida, y cuánto cuidado para poner en evidencia todo lo que de bello encierra aquel privilegiado pedazo de tierra! Le envío los datos por el ingeniero mismo, que también gozó ese día, viendo el entusiasmo casi religioso que aquello despertaba en nosotras.

El camino no está concluido aún, y sólo dentro de cuatro meses será entregado al público; pero nosotros hemos hecho ya todo el trayecto, debido a la buena voluntad del director, y a nuestro ánimo para probar fortuna. Fuimos ampliamente recompensados con el espectáculo que se desarrolló a nuestra vista. ¡Qué selva impenetrable! ¡Qué árboles inmensos, luchando, forcejeando, no ya por abrirse camino, pues sería imposible, sino para empinarse y encontrar un poco de luz para vivir; y una vez encontrada, ¡qué himno el que canta a la luz que es la vida! ¡Qué colores! ¡Arboles amarillos, azules, colorados, verdinegros, de todos los colores del iris; y tan bien distribuidos! El verde mismo no es el que conocemos, como que puede decirse que es hijo de las nubes, dentro de las cuales vive; es algo tan suave y tierno, que los cogollos son una de las más lindas flores que pueden verse. ¡Y las mariposas de todos colores que viven en perpetua orgía! ¡Y las orquídeas que cubren los troncos de los árboles! ¡Y los musgos que cuelgan de ellos, y abrazándolos, hacen una masa compacta de aquella creación! Es necesario que venga usted y haga la ascención.

No tendrá con qué pagarme el consejo. Sí que tendrá; pues me la describirá con su imaginación desordenada y tropical.

Parece que las familias de Río no se animan mucho aún, lo que visto por el emperador ha llevado dos o tres veces a toda la familia imperial para proteger la empresa y hacerle atmósfera. Lo que él hace aquí debería hacerlo usted allí, hablando y diciendo a los ricos de Buenos Aires que dejen por viejos y feos a San Isidro y San Fernando, y se vengan a gozar de su plata en este pedacito de mundo sin igual, donde encontrarán un lindo y cómodo hotel, excelentes comidas francesas y frutas tropicales, baños de agua transparente, suave y perfumada, en cascadas de chorro, o simplemente encajonada y todo ello por tres duros al día por persona.

No es un verdadero deleite realizar a veces sacrificios por allá que, como resultado, sólo dan una inmensa cantidad de tierra marcada. Haga propaganda y será una de tantas cosas que tendrán que agradecerle los beneficiados que la acepten.

...Las niñas quieren que deje usted consignado que hemos sido las primeras en llegar hasta la cumbre del Corcovado.

El artículo tuvo una excelente repercusión en Buenos Aires y fue muy comentada la sensibilidad de Aurelia para describir el paisaje y la originalidad de sus metáforas. En una carta a su sobrina, Victorina Lenoir de Navarro, dice Sarmiento: "No sé si vio en *El Nacional* y le llamó la atención una descripción del

Cecilia Grierson, militante por los derechos femeninos en la década del 80.

Corcovado (ascenso) de Aurelia Vélez, que publiqué y que en Buenos Aires hizo grande sensación por la belleza simple de la forma y del colorido. El asunto se prestaba a fe, pero la autora era favorecida por dotes de familia y su estilo conciso y desembarazado, era gustado por todos. Un fragmento sólo de estilo basta para fijar la forma que no obtienen los escritores más correctos".

El debut de Aurelia fue más que exitoso. La elogiaron los otros periódicos, según le informó Sarmiento en una carta del 1º de mayo: "Su artículo fue el asunto del día en los corrillos, encomiáronla los diarios", y luego, en su papel de escritor más experimentado, critica "la brevedad y limitación de los cuadros", y le aconseja que "no maltrate los asuntos y escriba siempre sus impresiones sin escatimarlas, sin borrar cartas por pereza (...). Mi idea es que publique usted un opusculito de medallones y bocados de viaje, siguiendo la feliz idea de ocuparme sólo de rasgos culminantes".

Y así lo hizo. El siguiente escrito de Aurelia, en el que describe la ciudad de Sevilla, apareció también en *El Nacional* en una columna titulada "De Sarmiento. Ellas a él. Correspondencia de Zárate".

Es bellísima la ciudad situada de manera que no se pierda ni un edificio de día, ni una luz pública ni privada de noche. Es una exhibición perpetua la de estas ciudades en anfiteatro, lo que les permite escalonar sus casas, sus plantas, su civilización diría. Visité el Jardín Botánico y Museo de Bellas Artes; el Museo Arqueológico y el de Historia Natural; teatro a la noche. Ya ve usted que no lo hago mal para principiar; pero no me divierto. Veo, admiro, critico para mí misma; pero por dentro todo queda quieto, cuando no tris-

143

te. He de hablarle extensamente del Museo Arqueológico, por si tiene algo que mandarle de cosas americanas. (...)

Lo que se ha apoderado de mi espíritu, de mi corazón diré, es la Catedral. La primera vez que fui entré por la nave que conduce al altar mayor. Enseguida por la oscuridad que allí reina, quedé por un momento inmóvil. ¿Era efectivamente falta de luz, o el estupor lo que allí me clavó? Sólo sé que de ahí he caído casi sobre una reja y que abriendo los ojos me he encontrado con el San Antonio de Murillo, que poco a poco fue destacándose y apoderándose tan completamente de mí que no estoy segura de no haber tendido también los brazos, confusa y agradecida a la eterna felicidad. Lo que sí sé es que las lágrimas vinieron y aliviaron mi emoción que se tornaba dolorosa por lo intensa. Puedo asegurarle que tuve un instante feliz. Esas hojas de rosa son del jardín del Alcázar... Felicidad.

A. V. Sarsfield.

Seguidamente, Sarmiento escribe su opinión sobre este artículo: "Ojalá se mantenga en su propósito de transmitir sus juicios e impresiones. Persona que ha vivido veinte años en el diario trato con los más notables hombres de Estado, jurisconsultos y literatos nacionales y extranjeros, diputados, etc. reunidos en su casa, en la tertulia diaria de su padre, necesitaba poco esfuerzo para enriquecer su mente con nociones, datos e ideas, de que se apercibe el lector por la seguridad de su pincel en lo poco que se escapa de su pluma en la buena edad del cerebro".

En el siguiente trabajo Aurelia tomó en cuenta las instrucciones de Sarmiento y logró escribir con mayor soltura y sin evitar detalles al reseñar, paso a paso, el entierro de Víctor Hugo y el estado de ánimo que se vivió en París tras la muerte del poeta. Hasta se permitió la libertad de dividir su artículo en pequeños capítulos que fueron publicados en *El Nacional* del 2 de julio de 1885, en una columna titulada "Honores fúnebres. A Víctor Hugo. Por Aurelia V. Sarsfield".

(...) Me he encontrado con la muerte de Víctor Hugo, duelo nacional, pero también fiesta nacional a lo que parece. Como no soy francesa ando enternecida con los preparativos que se ven por las calles. Las coronas que se encuentran por todas partes son verdaderamente regias y los lazos que de ellas cuelgan consignan la gloria que va unida al nombre que llevan. ¡Cuánto de grande y de tierno en los mil lemas que me han caído a la vista! Los pobres no están olvidados, como no lo estuvieron en el corazón del poeta; pequeñas coronas con frases que parten del corazón; ramos simbólicos que estoy segura le serán gratos. Pondré el mío entre los humildes.

El Domingo es, no diré el entierro, sino la apoteosis que le espera en el Panteón. Le contaré lo que vea y sienta, si es que sea posible ver.

(...) II

Tuvo lugar el entierro de Víctor Hugo. quinientos a mil francos era el precio corriente de las ventanas o balcones para tres personas. No quedó nada desocupado, ni siquiera los techos de las casas que semejan despeñaderos. Le he dicho que París sostiene bien su fama, aunque al verlo, no me he caído de espaldas. Con la misma verdad debo decirle que no estaba preparada para el espectáculo que dio, no París, sino el mundo entero. He visto lo mejor de nuestra especie en un buen momento.

Desde las nueve de la mañana estuvimos en nuestro puesto, una vidriera ocupada en los demás días por coronas fúnebres, en ese día por gradas en donde pudimos estar sentados. El cortejo se movió a las once y terminó a las siete y media.

Desfiló el mundo en agrupaciones numerosas llevando cada una su bandera, y su ofrenda de flores. Las ciencias, las artes, la industria, los desgraciados, el ejército, el pueblo todo estaba allí representado. Sólo dos banderas faltaban, la inglesa y la alemana.

Después de las músicas, familias y demás oficial, venían los enormes carros cargados con las coronas que le habían mandado a su casa. Eran verdaderas montañas de coronas, arregladas con el arte que tienen aquí para todo.

Después, el carro fúnebre (¡el carro fúnebre de los pobres!) cubierto el ataúd con un manto, y llevando sólo dos sencillísimas coronas de siemprevivas.

Hasta después de muerto ha sido artista este hombre. No puede hacerse usted idea de la emoción que produce aquel contraste entre la humildad del atavío, en medio de tanto esplendor. Yo no sé; pero me parece que en ese momento todos han tenido una oración en el corazón, sino en los labios.

Enseguida las agrupaciones de la prensa, de los ciudadanos, de las corporaciones de todo género. Imposible decir cuál estaba mejor representada. No tengo término de comparación; pero las gentes de aquí dicen que nunca se ha visto una exposición de flores igual; la Argelia era para mí la más extraña. Un carro simulando un montículo, al plano inferior plantas tropicales de colores vivos y muchas hojas, la corona en medio y dominando la masa, una grande sica que mecía sus elegantes hojas al vaivén del andar y de las músicas. Nada más bello si no hubiese aparecido por la esquina una corona celeste y blanca... ¡La nuestra! Gritamos todas ya emocionadas y de pie... ¡Ay! ¡No era tal! La corona bellísima y de una delicada filigrana decía en letras de plata sobre fondo negro: Al cantor de los orientales, los estudiantes de Grecia. (Los colores griegos son celeste y blanco).

En medio de aquella grandeza estaban los pequeños, que dejaban de serlo porque se presentaban reunidos. Los carteros, los del mercado, los floristas. El Louvre, El Bon Marché, toda tienda de lujo envió su corona y sus operarios. Los enfermos han dado su óbolo, como los desgraciados, los sordomudos y los ciegos, cuyo lema era: ¡Los ciegos a la luz!

Vale la pena de ser grande hombre en París.

III

(...) ¡Qué lindos paseos tienen aquí! Comprendo el pensamiento de Palermo. Ayer visité el de los trabajadores que es más bonito, aunque no tan grandioso como el Bois.

¡Qué buena vida se dan las gentes! Trabajan, sí, pero gozando de todo lo que de bello pueden producir la naturaleza y el arte reunidos.

Por cierto que no se habla de obreros que trabajan en las fábricas, sino de los que hacen encajes, tejidos o cosas por el estilo (*les articles de Paris*).

El Domingo estuve en el Bois. Día plebeyo, según dicen. ¡Qué felices los niños aquí! Y qué lindos todos. Era de verlos tan blancos, vestidos con tanta elegancia, montados unos en caballitos minúsculos, otros en carruajes tirados por cabras o por avestruces de Africa que hacen muy bien su servicio.

Familias enteras paseando sobre el lomo del Elefante, otras en el Dromedario; coches fantásticos tirados por unas vacas más fantásticas aún; pequeños ferrocarriles circulares para chicos y para grandes; y todo ello aceptado y puesto en uso, con un entusiasmo inocente, que refresca el corazón el sólo contemplarlo. Me moría de ganas de tener a los niños de mi hermano, para hacerlos subir, y, perdónemelo Dios, creo que para subir yo también, sobre todo en el Elefante.

147

¡Qué felices, qué felices los niños aquí, y qué sanos deben de ser! Así son los colores de sus caritas, y el brillo de sus ojos. Los tomaría uno como a las flores para aspirarlos.

A. V. Sarsfield

En la última parte de este artículo Aurelia alude a las obras dirigidas por Sarmiento en el Parque Tres de Febrero y que fueron resistidas por sus adversarios. Ella había sido testigo, poco después de la muerte de su padre, del trabajo de Sarmiento al frente de la comisión que tuvo a su cargo convertir lo que había sido la antigua residencia de Rosas en Palermo, en un paseo público. Ella lo vio diseñar los planos, lo acompañó algunas veces mientras dirigía la plantación de los árboles y pudo leer en los diarios las críticas por el gasto de millones de pesos "en secar pantanos para plantar palmas y construir jardines ingleses", además de comprar tigres, conejos y mulitas para el zoológico.

Artículo de Aurelia publicado en *El Nacional* del 2 de julio de 1885.

A medida que Aurelia avanzaba en su tarea de relatar las impresiones de su viaje, lograba estructurar cada vez mejor su escritura. El 13 de julio de 1885 apareció "Sarah Bernhardt en 'Theodora'. Por A. Vélez Sarsfield", en el que comenta el argumento de esa obra, desprendiéndose absolutamente del estilo epistolar que había mantenido hasta ese momento. Ya no usa la primera persona y hasta apela a ciertos rasgos de literatura fantástica para introducir su artículo.

Anticipemos de unos cuantos años el reloj del tiempo, y emprendamos viaje de circunmareación alrededor del mundo tan pequeño como el nuestro.

Desde luego si pudiera verse por cuadros como los teólogos modernos explican, que fue concedido a Moisés, ver sucesivamente las seis épocas de la Creación, sin reparar en siglos intermediarios, a fin de conciliar cada faz con los cambios que revela la Geología, concebiríamos el espectáculo que presentaría al viajero, cerniéndose sobre el Corcovado en la fastuosa Bahía de Río de Janeiro horas después, atravesado el Océano, llegando a los Boulevares parisienses y ver desde lo alto al millón de hombres de todas las naciones de la tierra, que acompañan entre guirnaldas floridas, coronas simbólicas, banderas agitándose a los acordes de cien músicas, y los estampidos del cañón de Los Inválidos, el carro triunfal del más dulce héroe que la humanidad haya celebrado, y que después de haber encantado a los pueblos con sus odas, ha derrumbado tronos de déspotas al son de su lira, como las trompetas sagradas lo hacían con murallas para dar paso al Arca Santa. Acto continuo descender a tierra, sin saber precisamente a dónde, los aeronautas que harán la vuelta al mundo en tres días, como el pájaro de mar llamado Fragata atraviesa de Africa a América en dos, para encontrarse ante la escena siguiente, ocurrida una hora más al Oriente de París, en Constantinopla.

El nombre moderno no hace al caso, llamémosle Bisancio.

Estamos en el Hipódromo de Bisancio, cuyas carreras son presididas por Justiniano, Emperador crédulo, implacable y cobarde, y Theodora su impúdica esposa, la cortesana, cuya beldad y cuyos vicios la han llevado desde el fango al trono, rodeados ambos entre los esplendores de un lujo de que no tuvo el mundo ejemplo igual (Theodora ostenta centenares de miles de brillantes en sus arreos), de conspiradores, de guerreros, y del pueblo de aquella época de descomposición. Crúzanse por medio de aquel grandioso escenario las peripecias de un drama de amor feroz y vehemente, combinado por el asesinato, el incendio, la revuelta y la represión terrible, la muerte y la sangre a cada paso al lado de la oración y los cánticos, en medio de pompas y de fiestas.

Theodora tendida sobre el lecho imperial da audiencia a príncipes y embajadores, indiferente a todo lo que la rodea, pensando sólo en sus amores misteriosos con un joven griego, Andreas, que no sabe quién es ella. Terminada la audiencia la emperatriz se escabulle, y bajo el velo y seguida de una sirvienta va en busca de un filtro a casa de una bruja, para mantener cautivo y ciego al crédulo amor de Justiniano.

Andreas conspira contra el Emperador y su infame compañera, la cual sorprende a los conjurados en su casa, y entre ellos a Marcellius Centurión que toman preso. Theodora pide que le dejen sola con él. "La tortura —le dice— da en tierra con ánimos más esforzados que el tuyo; y no hay medio de salvar a Andreas: ¡mátale!." Marcellus encadenado contesta "¡Mátame!" indicándole el lugar donde debe herir. Theodora retrocede espantada. Marcellus sin embargo lo dirá todo. Ella entonces toma el alfiler de oro que retiene sus cabellos, y lo clava en el corazón de Marcellus. Andreas está a salvo.

Van a principiar las carreras, y entre el tumulto estalla la conspiración. Los soldados arrastran ante el palco imperial a un hombre que amenazaba al soberano. Van a matarlo, cuando un gesto de Theodora detiene la cuchilla. Es Andreas a quien salva por segunda vez la meretriz imperial. La revuelta ha sido sofocada y la sangre tiñe de púrpura el piso del Hipódromo. Andreas sabiendo ahora quién es su amante la rechaza con horror. Para volver a conquistar su corazón se acuerda del filtro que le ha dado la bruja y que era destinado a Justiniano. Andreas devorado por la sed bebe el brebaje que le ofrece Theodora, pero Tamiris cuyo hijo ha sido muerto en la revuelta, sabiendo que el filtro era para el Emperador, ha preparado un veneno violento, y el amante de Theodora cae fulminado muerto por ella.

Al final Sarmiento concluye: "Esto es lo que basta del cuadro para apreciar lo que sigue. Theodora es Sarah Bernhardt en el famoso drama de Victoriano Sardou, y como Sarah Bernhardt ha de venir a Buenos Aires, porque así lo exige nuestra alta posición en el 'mundo que se divierte', bueno es que vayan nuestras damas sabiendo a qué atenerse, cuando aparezca el monstruo en nuestra escena, por la impresión que a una de nuestras viajeras en Europa ha causado, sentada en una luneta del teatro de la Puerta de San Martín en París, y no en Bisancio...".

Este escrito llamó especialmente la atención de los porteños porque el empresario Ciacchi, del Teatro Politeama Nacional acababa de anunciar su intención de contratar a la Bernhardt y había asegurado que, si se llegaba a un acuerdo, podría traerla a la Argentina el año siguiente. La artista era admirada en todo el mundo y Buenos Aires no estaba acostumbrada a las visitas célebres.

En el siguiente artículo, titulado "De Aurelia Vélez Sarsfield", publicado en *El Nacional* del 1º de septiembre de 1885, retoma el estilo epistolar. Escribe desde Londres, el mismo día del aniversario de la declaración de la independencia nacional, el 9 de Julio. Por eso comienza de esta manera:

> ¡Cómo no saludarlo el día de hoy! ¡Que la Patria le sea leve!
>
> (...) Gusto mucho de Londres que encuentro verdaderamente grandioso. En nada es posible compararlo con Paris, que es la gracia por excelencia, mientras aquí se palpa la fuerza del mundo.
>
> (...) ¿Cómo no han de amar la naturaleza los ingleses, si es aquí tan bella? El césped lo solicita a uno con el olor, y el espesor que se siente, diré así, sin tocarlo. Arboles seculares prestan su sombra a quien de ella necesita, y variadas flores tapizan el suelo, cubren las paredes, si acaso las hubiere, manteniendo todo ello la bruma en medio de una especie de nube que lo levanta de la tierra y lo torna nacarado.
>
> Deseos vienen de vivir eternamente en estos parques enormes, hasta donde no llega el rumor de la ciudad, cuan grande es.
>
> Ayer recién fui por el lado civilizado del bosque, en donde se levanta el monumento elevado al Príncipe Alberto. El amor de una mujer y el de un pueblo reunidos han sido en esta soberbia mole dignamente traducidos.
>
> Creía que el sepulcro de Napoleón era una obra maestra, y lo es seguramente, pero hay que buscarlo, asomarse a un pozo, mientras que el del Príncipe se alza en medio de la pradera que no está limitada por nada, a la luz y casi diría en medio de las nubes.

No sé qué relación encuentro entre estos dos sepulcros y aquellos a quienes están dedicados. Mientras que sobre el uno empiezan a proyectarse sombras, el otro no teme la luz, y los bajos relieves que lo adornan son las estatuas de los artistas o de los hombres de ciencias que protegió: un hombre ilustre seguramente, pero sobre todo un hombre de bien. Muy merecido honor.

(...) Estoy muy contenta de haber venido a Londres. Gusto mucho de esta vida en grande, tranquila, segura, digna. ¡Cuán diferente el pueblo inglés de lo que por allá creemos! La verdadera cortesía, la impersonal, es inglesa. Si fuera dada a creer que la Providencia se ocupa de mi viaje, creería que para favorecerlo se oculta bajo las facciones de un inglés. ¿Necesitamos una dirección? Alguien que no nos mira, se acerca, explica, dirige y se aleja, habiéndonos dejado en buen camino. Nunca hemos tenido un minuto de aflicción o conflicto viajero diré, sin que en el acto haya alguien para hacerle desaparecer. La policía es de todo punto admirable, sin comparación posible con la francesa, que tiene fama de tan buena. En París hay muy poco policía aparente, aunque se pretende que la secreta es inmensa. Recuerdo siempre el privilegio de los tranvías allí de pasar los primeros. Que las gentes, sea de a pie o en carruaje, que espere. Y nos parece tan bien hecho dejarles libre el paso, que apenas se le divisa, "ahí viene el tranvía", "denle paso" gritan todos. Aquí pasan tres o cuatro ómnibus o carruajes blasonados, que para el caso es lo mismo, el *policeman* tiende el brazo, páranse como por resorte los carruajes, y entonces se vacían las aceras tranquilamente, sin los codazos consabidos, como el que usa de un derecho que no debe a nadie ni que nadie pretende quitarle.

Si viese usted qué curioso es estudiar la tranquilidad del porte de todos, en medio de un movimiento sin igual en la superficie de la tierra, todo ello, porque un hombre, que es la ley, ha extendido el brazo.

Aseméjanse sus calles a los *docks* donde he visto descargar y cargar buques como por encanto. Las más pesadas cargas son tan fácilmente movidas por cabrestantes, que se pierde la noción del peso que representan. Dos dedos diré las toman y colocan con suavidad donde determinadamente quieren, ni pulgada más ni pulgada menos; para eso está sentado cómodamente el timonel que maneja la máquina que en mi ignorancia llamaré timón, pues que conduce la carga todo a seguro puerto, por entre escollos más que serios. Un amigo que nos acompañaba, oyendo nuestros chillidos de gusto y de sorpresa, nos recomendaba contar estas maravillas en Buenos Aires, para que sepan cuáles son los medios auxiliares del movimiento de los puertos que allí, imponen derechos y gravámenes a la carga por desembarco, iguales y a veces mayores que su valor de fábrica.

(...) El mercado de carnes es magnífico. Buscamos la de nuestro Buenos Aires sin encontrarla, lo que fue una buena suerte para ella, porque no puede sostener comparación con casi ninguna de las que se conocen, pues las hay de diversos países, y cada tienda de carne lleva el de su procedencia: United States, Australie, Ingland, Continent, Rusie, etc.

(...) No tengo ánimo para contarle mil pequeñas cosas entretenidas que me reservo para detallarlas a la orilla de la chimenea, en el próximo invierno, en que ya estaré de vuelta, etc.

A. Vélez Sarsfield

Cómo Aurelia no se iba a sorprender de Londres, entonces la mayor ciudad del mundo, si venía de una Gran Aldea en la que hacía poco menos de dos décadas que se había inaugurado el primer servicio de tranvías, que recorría el Paseo de Julio desde la

Casa de Gobierno hasta la estación de Retiro. Después se sumó el que iba desde Constitución hasta la Plaza de la Victoria y luego hasta la Recoleta. En 1870, las vías del tranvía concedido a Lacroze llegaron hasta el Mercado del Once. Un año más tarde se inauguró una nueva línea por Rivadavia hasta la Plaza de Flores, y en 1873 se trazó otra hasta Belgrano. Cuando se habilitó el primer servicio los vecinos se quejaban porque temían que el peso de los coches derrumbara sus casas, y Aurelia se admiraba de que en Londres bastaba con que un policía estirara un brazo para ordenar el tránsito, porque en Buenos Aires, para evitar los accidentes, delante del tranvía debía cabalgar un jinete que en cada esquina tocaba una corneta para anunciar el paso del coche tirado

Sara Bernhardt en *Theodora*.

por dos caballos. Y todavía faltaban más de diez años para que por la ciudad circulara el primer tranvía eléctrico.

En cuanto al comentario sobre el puerto y a pesar de ser la aduana de Buenos Aires una de las mayores fuentes de ingresos para el país, sus obras quedarían totalmente terminadas recién un año antes de que finalizara el siglo XIX. Aurelia, además de cuestionar la precariedad de su infraestructura, da cuenta de sus conocimientos sobre economía al criticar la política que disponía impuestos a la carga por desembarco. Cuando se refiere al mercado de carnes y se alegra de no haber encontrado la tienda de Buenos Aires, es porque ella misma no podía explicarse la paradoja de que aunque la carne era uno de los principales productos del país, hacía muy poco tiempo que se había logrado resolver el problema de su conservación por el frío. En 1884, un año antes de este artículo, se había construido el primer frigorífico y, hasta ese momento, la carne era enviada a Europa en la forma rudimentaria de tasajo.

El último de sus artículos, escrito desde Roma, es el más emotivo porque amaba de manera especial a esa ciudad. Aurelia había crecido con los relatos de su padre sobre la Roma antigua, de la que era un admirador. No en vano a dos de sus hijos los había bautizado Aurelia y Constantino. Por esa nostalgia de la infancia y de su padre, este último artículo, publicado en el *El Censor* del 19 de enero de 1886, se asemeja más a un monólogo interior que a una crónica descriptiva.

El 1º de este mes llegué a ésta. Parece increíble pero es la verdad, no he tenido un momento que dar a mis amigos de allá. Me levanto y salgo, como,

156

dónde y cómo se pueda; y llego a la noche rendida de cuerpo y espíritu. Hay tanto que ver y tan bello, y tan poblado de recuerdos para mí.

Tatita está en todas partes explicándome esto, aquello, lo de más allá. Tatita está en el Coliseo Augusteo, en el Foro, sobre el Monte Palatino. El Foro he visto por entre las lágrimas, al pensar cuán feliz habría sido Tatita, si le hubiese sido dado venir a conocer éste, su mundo, tan admirado y tan querido. Veo en la Roma antigua, del Foro Romano al de Trajano, de las Catacumbas a las Termas de Caracalla que parecen pedazos de mundo caídos para darnos idea de la grandeza de otros.

Espero ver el Coliseo con luna, he visto los templos de Venus, de Júpiter, la Cueva de las Sibilas; el Palatino y Tívoli. En fin, es esto un mareo de grandezas pasadas con ruinas quizás más bellas, porque los siglos han dejado estampadas sus huellas y la imaginación las puebla con cuanto de grande y de terrible se puede concebir.

La Roma de hoy tiene poco que admirar. La vida de la calle y teatros, hoy aquél tan celebrado. Después hablaré más en detalle sobre todo esto, que es para describirlo más despacio. Vine de muy buen espíritu desde Florencia, donde empezaron las impresiones italianas que se mezclan en el alma los recuerdos históricos, las bellas artes, y la belleza de la naturaleza como aquí. El 15 iré a Nápoles con las jóvenes que me acompañan. Desde allí regresarán a Marsella y yo a Roma a la que quiero consagrar el tiempo que me queda en Europa, pues el frío de París me arredra.

Puédase creer que la noticia recibida aquí de la muerte de Avellaneda es cierta. ¡Pobre! Se ha ido. En los últimos días que pasó en París tuve ocasión de verlo y hablamos más de una vez de cosas y de personas que hablaremos allá. Sé que se ha expresado con gran interés sobre mí, a quien deseaba haber conocido antes. Deseaba mucho vivir, y sabía que iba a morir. No le restaba tranquilidad ante destino tan triste; casi simpático por su resignación...

Con este comentario sobre la muerte del ex presidente finaliza su producción escrita publicada en la prensa. Sarmiento tenía razón sobre el talento de Aurelia para la escritura. Sus artículos no sólo habían caído bien en la opinión pública sino que, además, habían sido objeto de elogio. Habría hecho una buena carrera en las letras si se hubiese atrevido a trascender las sombras de su padre y de Sarmiento, con la misma convicción con que transgredió los mandatos de su época. Pero a Aurelia no le interesaba trascender a Sarmiento. Sólo quería seguir amándolo, y sabía que le quedaba poco tiempo.

París, noviembre de 1900

Acabo de recibir por correo varios ejemplares atrasados de La Nación. Después de mucho tiempo vuelvo a ver su nombre en letras de molde y estoy llorando. El titular dice: "En el Paseo de Palermo se inauguró la estatua de Domingo Faustino Sarmiento". Se me congela el alma. Dios mío, no puedo imaginarlo convertido en bronce...

Se habría reído a carcajadas de saber que su monumento lo iban a levantar exactamente en el lugar donde antes estuvieron las habitaciones de Rosas. "Por la eternidad mi mole sobre la cama del Tirano", hubiese ironizado.

Me parece justo que por fin reconozcan la dimensión de sus aportes al país. Me alegra que lo recuerden, pero a mí no me va a gustar ver su figura tiesa convertida en bronce.

Porque ese hombre fue mi hombre. Yo lo abracé y lo besé. Apoyé mi cabeza sobre su pecho y él la sostuvo con esas manos enormes y fuertes. Compartí sus incertidumbres y sus angustias. Lo vi dudar y alegrarse. Tuvimos miedo y muchas veces lloramos juntos. Y ahora quedará hecho estatua en medio de esos árboles de los que tantas veces me habló y que yo misma lo vi plantar.

Dentro de algunos años, cuando yo ya no esté, él permanecerá ahí, quieto, helado. De vez en cuando le llevarán flores y leerán discursos junto a su pedestal. Pero nadie podrá recordar el calor de sus brazos, la intensidad de su mirada, la ternura de sus palabras.

No, no quiero verlo convertido en bronce...

Aurelia Vélez, una de las principales operadoras políticas de Sarmiento en Buenos Aires.

Sarmiento en 1864.

Durante el retorno a la Argentina, Sarmiento escribió un diario de viaje para Aurelia: "Dedícole las (impresiones) que iré sintiendo a medida que me acerco a mi Patria í con la esperanza se aviva el deseo de verla".

Dibujo de Sarmiento poco después de conocer la noticia de su elección como presidente de la República.

*Domingo Faustino
Sarmiento,
presidente de la
Nación.*

*Sarmiento junto a su ministro del Interior, Dalmacio Vélez
Sarsfield, en la exposición industrial en Córdoba, grabado de 1871.*

Atentado contra Sarmiento. El 22 de agosto de 1873, los hermanos Guerri dispararon contra su carruaje mientras se dirigía hacia la casa de Aurelia.

---

o debe hallarse,
dor. Entonces
s felicitarnos de
capitales están
iste perspectiva
e los que esta-
aumenten de
por ciento, que

ltimamente, el
e una suma al
sos nacionales,

. . $ 4395000
. . «   9635000
del
. . «   2890000

$ 16920000
el

SARAH BERNHARDT

EN "THEODORA"

POR A. VELEZ SARSFIELD

(INTRODUCCION)

Anticipemos de unos cuantos años el reló
del tiempo, y emprendamos viaje de circu-
mareacion al rededor de mundo tan pequeño como el nuestro.

I

Desde luego si pudiera verse por cuadros como los teólogos modernos esplica

pecto a la Sais
está muy rec:
riqueza, lo qu
Otra vez v
simo en su jén
siones, ver, s
forasteros á q
cia en carta á
á estar el 9 de
con las Velazq

JUJU

(

Señores gene
don Julian.

Artículo de Aurelia Vélez publicado por el diario El Nacional *sobre la actuación de Sarah Bernhardt en "Theodora".*

En 1884 Sarmiento emprendió su última misión oficial a Chile. Aurelia le escribe: "Por su telegrama veo que ya no está para mulas, que tampoco estarán ellas para cargarlo a usted... Cuídese es este mi único y reiterado encargo, y haga tranquilamente su vuelta".

Sarmiento en su paso por San Juan al retornar al país.

Sarmiento poco antes de su muerte.

Casa de Sarmiento en Asunción, Paraguay.

Una multitud se reunió en el muelle de Buenos Aires para recibir los restos de Sarmiento, 1888.

Inauguración del monumento a Sarmiento en el parque Tres de Febrero de Buenos Aires, 1900.

*Ultima fotografía de
Domingo F. Sarmiento.*

*Retrato de
Aurelia Vélez.*

Firma original de Aurelia Vélez.

CAPITULO VII

"Muy sola ya en este mundo, pero es de creer que no será por mucho tiempo."

Aurelia Vélez a María Carranza,
Biarritz, el 8 de septiembre 1899.

A principios de 1886 Aurelia se despidió de Europa y emprendió el regreso. Estaba ansiosa por encontrarse con Sarmiento, a quien hacía casi un año que no veía. En su última escala en Montevideo un periodista de *La Nación* de aquella ciudad la sorprendió con un encargo de él: "Mande usted a doña Aurelia Vélez *El Censor* de esta semana y además varios números de *La Nación*". También le pidió que la agasajase en cuanto ella pisara el suelo del Uruguay.

Al llegar a Buenos Aires Aurelia abrazó a un Sarmiento anciano, abatido por la reciente derrota como candidato a diputado por San Juan frente a Augusto Cabeza, un ignoto ex jefe de policía; por su fracaso como candidato a concejal por la ciudad de Buenos Aires ante el boticario Otto Recke, y por su frustrada aspiración a la presidencia de la República para suceder al general Roca. En elecciones denunciadas por fraudulentas triunfó su detestado Juárez Celman en casi todas las provincias, menos en Tucumán y Buenos Aires. Los porteños no tardaron en hacer oír su protesta, y el presidente Roca, entre sus últimos actos de gobierno y mientras cruzaba la calle Victoria para asistir a la ceremonia inaugural del Congreso, recibió una pedrada que le abrió la frente.

Pese a su decepción Sarmiento no bajaba los brazos y Aurelia también pudo ver al luchador que en su vejez había exacerbado su amor por la naturaleza, tanto, que había solicitado a las autoridades que lo nombrasen juez de paz de Junín sólo para salvar a las garzas de aquella región que estaban en peligro. Ella sonrió con esta última ocurrencia y recordó una de las cartas que él le había escrito durante su estada en Europa y que da un indicio de cuáles eran sus preocupaciones ahora que ambos estaban lejos de la gestión pública. Sarmiento le contaba sobre su isla en el Tigre y Aurelia, una vez más, se conmovía con su sensibilidad.

"Permanezco aún en la isla —le dice al comienzo de la carta— no obstante lo avanzado de la estación, por requerirlo obras comenzadas, y por gozar y sentir la vida del otoño en la naturaleza, como la siento en mi espíritu que también está en días de invierno aunque no sean todavía crueles los fríos que la previsión deja presumir."

Sarmiento en la laguna de Junín. En 1885 pidió su nombramiento como juez de paz de esa localidad para salvar a las garzas en peligro de extinción.

Aurelia y Sarmiento se habían amado durante veintiséis años. Ella tenía ahora cincuenta y él setenta y cinco. El amor que habían construido supo acomodarse a los recodos de la vida de cada uno. Por eso, el paso del tiempo no hacía más que fortalecerlo y ahora, antes de contarle sobre las obras que dirigía en su isla, le escribe esta galantería: "...los incidentes fortuitos revelan y los accidentes dan realce a la belleza, como los lunares negros naturales en cutis terso, y aquellos hoyitos en la barba, en las mejillas y aun en la mano (de que usted carece, sea dicho mejorando lo presente)".

Después, refiriéndose a la construcción de su muelle, reconoce rasgos de su carácter cuestionados por Aurelia, pero enseguida adosa la cuota de ternura con la que siempre logró que ella le perdonara sus rabietas. "Conoce usted por reprobarlos, mis aires de dictador salvando la patria, cuando dirijo una costura, una acequia, un trazo al lápiz. ¡Corte usted allá, el serrucho aquí, una punta de París de seis pulgadas!... Estaba yo en mis setenta y más abriles de vigor, de mando, de cóleras olímpicas, excitado por la *maladresse d'un vain peuple*, cuando levantada la vista al cielo, acaso para protestar contra mi *entourage*, ¿y qué veo?... ¡apenas me persuado de ello! Un hornerito industrioso, afanado sobre mi cabeza, en una rama de sauce que había hecho podar un mes atrás para desembarazar la perspectiva del río, afanado en construirse su nido de arcilla, sin tanta bulla como la que yo metía, por hacer un muelle de dos varas de frente, aunque una monada de perfección. ¿Habría usted contemplado sin enternecerse esta competencia entre un anciano y un joven; entre un ex todo lo humano y honradamente apetecible, *parmi les hommes*, y una avecilla que, construyendo más sólidos edificios que Semíramis en Babilonia de la misma arcilla, ha dejado a los indios atrás con sus toldos de pieles? Usted sabe cuánto quiero yo a los horneros, a quienes creo dotados de más inteligencia que a los hombres de la época primitiva, y que se persuaden que los postes de telégrafo han sido puestos para servir de base a sus hornos, según han tomado posesión de ellos en todas partes."

Aurelia también amaba los pájaros. De su padre había aprendido, desde muy pequeña, a admirar la naturaleza. Ella lo ayudaba a plantar en la quinta de Almagro mientras él le enseñaba la diferencia entre las semillas y la manera de cultivarlas. Muchos años después, con Sarmiento, había compartido horas observando las aves en el Tigre, y el mismo día de la muerte de su hermana Rosario en Córdoba, habían recogido unos pichoncitos de hornero caídos del nido justo en la puerta del hotel en el que se alojaban. Ella se acordaba también que, siendo Sarmiento presidente de la Nación, había armado tremendo escándalo cuando descubrió que alguien había quitado el nido que una pareja de cardenales acababa de construir en la ventana de su despacho en la Casa de Gobierno.

Conocía, además, a todos los animales que él tenía en su casa de la calle Cuyo y que eran muchos. Los había visto llegar y sabía las historias y las manías de cada uno. Las del loro que le había enviado José Posse desde Tucumán; las del gato de angora que lo acompañaba mientras trabajaba; las de los perros ingleses y las de cada una de las aves que formaban una colección de los más variados lugares del mundo. Aurelia sabía que nunca debía ocupar la silla ubicada a la derecha del escritorio de Sarmiento porque en ella vivía la chuña, un ave zancuda que protestaba cuando a alguien se le ocurría depositar su trasero en ese asiento, y compartía la alegría que los animales significaban para él. Por eso, aun separados por el océano, Sarmiento le cuenta:

"En medio de tantas felicidades compadézcame sin embargo. Algo he tenido que deplorar a la par de su ausencia. No necesito circunloquios al anunciarle la triste nueva como lo usaron conmigo para prepararme a oírla. Oígala usted con su corazón helado, cuando de pajaritos se trata. Le diré todo de una vez: ¡murió uno de mis pajaritos amarillos! ¡Lo mataron! Lo dejaron morir a mano y colmillos de un ratón aleve. ¡Cómo! Queda por saber cómo. Se lo comieron y sanseacabó. Y hubiérale hecho usted el duelo, sabiendo que le dio a usted la razón en el largo debate sobre bichos colorados y mosquitos." Tiempo atrás, habían discutido acerca de un duraznero que Sarmiento terminaba de plantar cerca de su casa del Tigre. Aurelia insistía con que estaba infectado de bichos colorados, y él la contradecía. Una tarde, Sarmiento soltó a sus pajaritos y ellos se negaron a posarse en las ramas de ese árbol, lo que demostró que efectivamente estaba plagado de esos insectos.

A Aurelia le causaba mucha gracia ver a Sarmiento jugar con uno de esos pajaritos, seguramente por la diferencia de tamaño. El le había enseñado a pelear apuntándolo con su dedo, que era más grande que el ave, y el animalito respondía con picotazos. Horas pasaban en el combate mientras Aurelia reía con ganas cada vez que Sarmiento le decía: "Atajáte cordobés", y el pajarito se erguía con el pico hacia adelante. En la carta Sarmiento le aclara: "Este es el que está vivo. El muerto, que llamaban el malo, era el más bueno conmigo y respondía como el papagayo de José Posse (que se me muere de viejo) 'rrrcoco', que es el canto que yo le he enseñado no sabiendo qué decirle de más amoroso. El loro sabía hablar castellano y lo ha olvidado en mi escuela, gracias a mis lecciones de gruñirme como yo le gruño. Ráscase la cabeza, al sentirme venir, porque es el cariño que yo le hago".

Después le cuenta, en detalle, cómo sucedió la desgracia. Al regresar su familia de la isla a la ciudad trasladó también a los pajaritos. Una noche, mientras dormían sobre una mesa, "se oyeron a horas avanzadas gritos descompasados, como de cristiano, dicen; tan extraños eran los gritos que corrieron desoladas, encendieron luz y vieron fuera de la jaula a uno de los pajarillos desgarrado, ensangrentado y exánime. El que quedó vivo estaba aterrado en lo alto de la jaula, con algunos arañazos y un dedo menos". Cuando llegó Sarmiento, cuatro días después, buscó un médico para que lo curara. Y así finaliza su relato para Aurelia: "Ordenóse ponerlo en lugar abrigado, encendióse la chimenea y sobre mi mesa ha permanecido dos días, visitado una vez por el médico de cabecera, con frecuencia por la familia y cada hora por mí, hasta estar satisfecho que no se declaraba hemorragia. Está ya fuera de cuidado y en prueba de ello le manda Eugenia (su nieta) su retrato, devueltas a su fisonomía sus formas esbeltas y elegantes".

Aurelia no se engañaba con los esfuerzos de Sarmiento por mostrarse sano y fuerte. Su salud estaba quebrantada. Le costaba respirar, y ella lo alentó a seguir el consejo de los médicos que le sugirieron alejarse de Buenos Aires para evitar los fríos del invierno. Fue así que el 14 de junio de 1886 Sarmiento partió hacia las Termas de Rosario de la Frontera en la provincia de Salta.

Mientras tanto, Aurelia se ocupaba de reinstalarse en su casa de la calle Libertad, que había permanecido cerrada durante un año. Cuando él regresó retomaron sus visitas diarias, sus largas charlas en el patio de la casa de la calle Cuyo, donde juntos recibieron los albores de la primavera y donde Aurelia lo animó en su decisión de cerrar *El Censor*, sobre todo para que cuidase un poco más la salud.

No faltaban las visitas a la casa del Delta y, de vez en cuando, alguna función de teatro. Una vez más Aurelia pudo disfrutar del talento de Sarah Bernhardt en su interpretación de *Thedora*, ahora junto a Sarmiento y en Buenos Aires. Su actuación fue todo un acontecimiento. La sala del teatro Politeama estaba repleta y ellos ocuparon las primeras filas. Después de la función fueron a saludarla en su camarín. En perfecto francés elogiaron su interpretación y Sarmiento le comentó el artículo que, un año antes, Au-

Eugenia Belin, pintora y nieta de Sarmiento.

relia había escrito sobre su presentación de *Theodora* en París.

A pesar de su descanso, Sarmiento empeoraba. Se agudizaba el mal de sus bronquios y la hipertrofia cardíaca. Aurelia sabía que se acercaba el final. En 1887 Sarmiento viajó a Asunción en busca de mejor clima. Una fría mañana de mayo, Aurelia se quedó sola en el muelle, agitando su pañuelo, mientras veía cómo el vapor San Martín se llevaba al hombre que amaba. Pero, felizmente, cinco meses más tarde él regresó fuerte y repuesto.

A comienzos de 1888, Aurelia emprendió su segundo viaje a Europa sin imaginar que el invierno porteño alejaría definitivamente a Sarmiento del país. Otra vez su salud se quebró y, acompañado de su hija Faustina y de sus nietos, se embarcó hacia Asunción con la idea de levantar una casita isotérmica, de hierro, que había mandado comprar en Estados Unidos. Aurelia se enteró de la noticia por el correo, y por carta le prometió, a su regreso, ir a visitarlo en su nueva casa en el Paraguay.

En tanto Sarmiento, una vez instalado en Asunción, comenzó a dirigir él mismo la construcción. Inútiles fueron los esfuerzos de su familia para que descansara, y según contó muchos años después su nieta Eugenia, "puso tal interés en levantar su casa de hierro, que tenía preocupados a los médicos, temerosos de su corazón fatigado por la tos".

En agosto, Aurelia regresó de Europa justo a tiempo para la inauguración de la nueva casa. Desde Asunción Sarmiento le envió esta invitación más parecida a un ruego: "Díjome usted que vendría de buena gana al Paraguay; creílo con placer aunque no fuese más que como las promesas de las madres, o de los que cuidan enfermos, decir que sí cuando alguna vislumbre de alegría pasa por aquellas cabezas. ¿Por qué no estimar aquellas piadosas mentiras que hacen surgir un mundo de ilusiones y alientan al que harto sabe que nada hay de regalo en el sonido, sino en la armonía, unas veces, oído sordo de la lisonja que consiste en hacer creer que somos dignos de tanta molestia?".

Después agrega: "Bien me dijo de venir, venga pues al Paraguay. ¿Qué falta le hace treinta días para consagrárselo a un dolor reumático, cinco a la jaqueca, algunos a algún negocio útil y muchos momentos a contemplar que la vida puede ser mejor? Venga, juntemos nuestros desencantos para ver sonriendo pasar la vida".

Por supuesto Aurelia aceptó la invitación y confirmó su viaje para comienzos de agosto. Según contó tiempo después Emilia de Macías, la esposa de José Macías, un amigo de Sarmiento y propietario de la empresa de tranvías que finalizaban su recorrido justo enfrente de la nueva casa del Paraguay, él "estaba como un chico con la idea de la fiesta" y se había empecinado en que quería unas lamparitas típicas del Paraguay confeccionadas con cáscaras vacías de naranjas partidas en mitades, las que se llenaban con sebo derretido y una mecha de algodón. Aunque como decía en su carta a veces pensaba que la promesa del viaje era una mentira piadosa de Aurelia para conformarlo, quería que todo estuviese listo para cuando ella llegase. Por eso le envió una notita a su amigo Macías, a quien solía atormentar con sus encargos, pidiéndole ayuda. "Me permito recordarle lo de las lamparitas —le dice—. Si no viene la mujer (por Aurelia) la fiesta se hará sin ella." Le cuenta después

Casa de Sarmiento en Asunción.

que le hacen falta pintura blanca y un tablón de cedro para reparar el pasamano de una reja de hierro y le agrega una postdata: "Acuérdese que me prometió buscarme una música de flauta, violín, guitarra y arpa. Eso es esencial con lamparitas. No se olvide".

Tan entusiasmado estaba con la fiesta que hasta le escribió a su amigo Adolfo Saldías, que estaba en París, y no olvidó, por supuesto, mencionar las lamparitas: "Cuánto siento que no esté usted aquí para la inauguración. Habrá fuegos artificiales, luces de Bengala, lamparitas de cáscara de naranja al uso del país para iluminar fachadas como la de San Pedro en Roma. Lo que no he podido reunir ni encontrar son tititeros, fantoches, para hacer memorable aquella noche de orgía, por el gasto y el brillo de las luces".

Y, por fin, Aurelia llegó al Paraguay. Sarmiento estaba ansioso por verla, y ella por repetir aquel abrazo que tantas veces había sellado sus encuentros y sus despedidas. El le mostró la casa "elegante", como la llamaba. La plantación del jardín que él mismo había planificado. El horizonte que adornaba su ventana desde donde se podía divisar el Chaco y el río

172

Paraguay. El pozo que estaban perforando con la esperanza de encontrar agua. Aurelia le habló de cuánto lo extrañaba y de lo sola que se sentía en Buenos Aires sin él, y se alegró de encontrarlo repuesto y hasta rejuvenecido.

El domingo siguiente se celebró la fiesta en la que brindaron con vino y sidra sanjuaninos. Sarmiento presidía la mesa, donde también estaban su hija Faustina, sus nietos Julio y Augusto, y los amigos Sinforiano Alcorta y por supuesto, Macías, que no se había olvidado de las lamparitas. Estaba eufórico y hablador, y animaba la reunión con sus ocurrencias. Aurelia, sentada a su lado, celebraba cada palabra que él decía. Estaban felices, como en los viejos tiempos.

¿Por qué Aurelia no se quedó en el Paraguay? Tal vez tuvo la esperanza de su pronto regreso a Buenos Aires o, por el contrario, a lo mejor presintió la cercanía de la muerte y no lo quiso ver partir... Lo cierto es que a fines de agosto de 1888 Aurelia volvió a la Argentina sin saber que él viviría apenas once días más.

El 5 de septiembre, Sarmiento recibió la noticia de que, por fin, del pozo había brotado agua. Contó después su nieta Eugenia que "ahí nomás ordenó que se les sirviera cerveza a los peones para festejar el triunfo. Dejándose llevar por su entusiasmo más que nunca, pidió su petiso para ir a ver el pozo generoso... Volvió helado, con chuchos y cayó en cama". Tres médicos coincidieron en el diagnóstico. Dijeron que sufría de caquexia cardíaca, una antigua afección orgánica del corazón y que el fallecimiento podría sobrevenir de un momento a otro.

Tres días más tarde, el 8 de septiembre, Aurelia

recibió la noticia que durante tanto tiempo había temido. Un telegrama desde Asunción decía: "Sarmiento muy grave. Tenemos pocas esperanzas". Al día siguiente, otro telegrama le informaba: "Sarmiento, ayer, ataque. Sigue mal. Hoy más tranquilo". Como si su angustia y su impotencia por tanta distancia fuese poca, un temporal en el Paraguay interrumpió la comunicación telegráfica con la Argentina y durante cuatro jornadas casi no durmió esperando alguna novedad. El 13 de septiembre, poco después del mediodía, fue la primera persona de Buenos Aires en saber que, hacía ya dos días, Sarmiento había muerto. Inmediatamente comunicó la noticia a los diarios para que el resto del país también se enterara. Después, se quedó sola, como nunca en su vida lo había estado, y aunque muchas veces trató de imaginarse este momento y estaba preparada, ahora debía enfrentar la muerte del hombre que había amado durante treinta años. Con la paradoja de que la nación entera lo lloraba.

En el puerto de Buenos Aires y bajo una intensa lluvia, una multitud se reunió para esperar sus restos. El féretro cubierto, por su expreso pedido, por las banderas de Argentina, Chile, Paraguay y Uruguay, fue recibido con honores reservados a un presidente de la República, decretados por el primer mandatario, Juárez Celman, quien olvidó su antiguo enfrentamiento. El gentío pobló las calles hasta la Recoleta. Todos querían despedirlo, y se dijo que su entierro fue el más grandioso que había visto Buenos Aires hasta ese momento.

Claro que esas miles de personas que rindieron a Sarmiento su último homenaje le decían adiós al maestro, al político, al periodista, al escritor, al "cere-

174

bro más poderoso que haya producido América", según dijo en su discurso el vicepresidente Carlos Pellegrini.

Aurelia, en cambio, despedía a la última persona que la amaba en este mundo y al único hombre al que había amado sin medir ninguna consecuencia. Nadie, en Buenos Aires, pudo ni quiso consolarla.

CAPITULO VIII

"Aquí no soy nadie, no conozco a nadie y gozo de lo que está abierto para todo el mundo, joven o viejo, solo o acompañado, y tranquila respecto al qué dirán, que allí es simplemente calumnia, que en general sale de la misma familia."

Aurelia Vélez a María Carranza, París, 1900.

Aurelia pertenecía a la aristocracia de Buenos Aires, la misma que en 1889 sufría de lo que se conoció como la "fiebre de progreso", y más bien se trató de una locura generalizada por obtener riqueza a corto plazo, acompañada por un ansia desmesurada de lujo. Eran los tiempos en que gobernaba Juárez Celman —tan bien descriptos por Julián Martel en su novela *La Bolsa*—, en los que la palabra especulación se utilizaba como sinónimo de prosperidad, cuando en verdad significaba la obtención inescrupulosa de ganancias. Una época en la que el fraude y la corrupción habían alcanzado en la clase dirigente un grado desconocido hasta ese momento.

El viaje a Europa y sobre todo a París era otra de las fiebres que atacaba a los pudientes de Buenos Aires y casi ninguno de los que integraba el grupo autodenominado "gente bien" se salvaba de esta epidemia.

Fue en ese año cuando Aurelia emprendió el primero de los tantos viajes que realizó después de la

179

muerte de Sarmiento, pero sus razones para alejarse del país nada tuvieron que ver con la "farolería" imperante entre sus pares. Porque la aristocracia a la que ella pertenecía estaba más relacionada con la austeridad de la élite formada después de Caseros, que con la fastuosidad que los había envuelto a partir del primer gobierno de Roca. El materialismo que llegó de la mano del crecimiento económico se adueñó del alma de los porteños. Ahora era la riqueza lo que determinaba el lugar social de las personas, más que la familia, la educación y la ocupación, como había sucedido en la Gran Aldea. El último censo municipal realizado dos años antes indicaba que del total de la población de la Capital Federal, más de la mitad eran extranjeros que habían llegado con la esperanza de mejorar su situación económica, es decir, de "hacer la América".

Con motivo de la Exposición Universal de París, Aurelia describe algunas actitudes adoptadas por la nueva aristocracia: "Muchísimas argentinas que no veo, pero sé que están aquí. Se quería dar una comida el 25 pero no se ha podido tener la adquiecencia de todos; había quinientas personas a convidar, argentinos se entiende; pero ya sabes que somos de raza española, y que los unos no pueden soportar a los otros; y que a lo mejor salimos con que habría habido aristocracia y que ésta no puede reunirse con los demás, y sobre todo que son muy mal creados y que por todas razones se quedarán en sus casas y no habrá sino el recibo del Ministro que es de 5 a 7: dar la mano, saludarse con los argentinos que se conozcan y salir".

Todavía recordaba y le causaba gracia aquella famosa salida de Sarmiento ante un estanciero que sostenía que Buenos Aires jamás aceptaría una ense-

Bolsa de Comercio de
Buenos Aires.

ñanza común para todos por ser "una sociedad muy
aristocrática", y él le había respondido: "Sí, una aristocracia con olor a bosta".

Su padre, Sarmiento y muchos otros habían in-
tegrado esa aristocracia no en función de sus propiedades o su nivel económico —aunque en el caso de
Dalmacio no carecía de estas condiciones—, sino por
su contribución a la organización nacional. Aurelia,
acostumbrada a pensar en las cuestiones fundamentales para el país, se sentía ajena a tanta frivolidad.
Ella, que había acompañado las gestiones de su padre como ministro, para quien era sagrada la administración de los recursos públicos, y también la de
Sarmiento, quien durante su presidencia nada había
hecho para patrocinar sus intereses personales ni los
de su familia, no podía comprender ahora tanto favo-
ritismo. Es por eso que desde Europa se pregunta:
"¡Cuánto siento que haya bajado tanto la renta que
ya era poca para el capital que representaba! ¿Qué
sucede allí? Con la paz asegurada, con un gobierno
que no lucha con revoluciones, con bastante inmigra-
ción, ¿qué motiva la baja de la renta sin que disminu-
yan los gastos? Porque me dicen de allí que la vida es
tan cara como antes. Extraño país donde todo anda al
revés", concluye sin imaginar que esa misma refle-

181

xión la repetirían en el futuro varias generaciones de argentinos.

Por otra parte, Aurelia no era de las que se plegaba a las modas, por eso ahora que era considerado "bien" el uso de expresiones francesas o inglesas al hablar —aunque el que las pronunciara no supiera ni jota de esos idiomas— ella jamás escribió en alguna de sus cartas un vocablo que no fuera español, y detestaba la ostentación y el lujo.

Es así que escribe desde Europa: "Ahora aquí por unos ocho días, después San Sebastián por otros tantos, y en seguida Burdeos y París a fines del mes, todo esto desde Bagneres de Bizorre con mi sirvienta lo que no es divertido pero sí tranquilo; y como no busco diversión sino salud y tranquilidad, no pido ni deseo lo que todos vienen a buscar en estos lugares que dicen ser la panacea del lujo y de la elegancia. No sé si todos mienten cuando dicen eso o si es que no yendo a los casinos no se ve la Nante pero el caso es que nada veo muy notable".

En otra oportunidad le dice a su sobrina: "¡Cuánto desearía que estuvieses aquí! Entonces creo que me sería más agradable la estadía; me darías de compañeros a los niñitos y tú pasearías un poco por tu lado. Piénsalo bien que es tiempo aún; los viajes o más bien el venir a estar unos meses en París no es tan costoso, cuando uno se decide a no hacerlo con lujo, que aquí es cosa que no importa a nadie. Pero tú eres muy lujosa y esto te será en la vida un serio inconveniente, y si no me equivoco, sin gran placer".

Después ironiza sobre los "rastacueros" argentinos, esos personajes enriquecidos por la exportación del cuero que solían despilfarrar el dinero ante los ojos asombrados de los europeos: "Manuela Abella está en el mismo hotel, no sé si se quedará todo el invierno como era el proyecto antes de salir yo. No parecen nada pobres porque sé que Benigno da comidas en el hotel más caro de Londres; y es verdad porque se lo he oído a uno de los invitados, el señor Guerrico; pero es verdad que entre nosotros eso no quiere decir nada: así se vive y se vive bien, lo que es necesario es no pensar en el día de mañana".

Aurelia era una mujer adinerada. Era dueña de casas en la calle Cangallo 858/60/64; en Victoria 1201 al 1221, en Salta 89/95, en la calle Tucumán 1624/26 y en Maipú 228. Por la numeración es fácil imaginar la proporción de estas propiedades, además del edificio donde vivía y la mitad de la quinta de Almagro. Contaba también con cédulas hipotecarias y títulos públicos. Sin embargo, se diferenciaba de las nuevas costumbres de su clase igual que años antes había desafiado sus convenciones sociales. Ahora que su padre y Sarmiento ya no estaban, se encontró desprotegida para enfrentar la moral victoriana también de moda. Al tiempo que las exigencias éticas se distendían en la política y en la economía, se robustecían en torno a las conductas sexuales de las mujeres, por supuesto. De ninguna manera se toleraba la sexualidad fuera del matrimonio y mucho menos el adulterio. Aurelia había transgredido ambas normas y se lo cobraban con retroactividad e intereses, para no desentonar con el estilo lucrativo de la época. "Yo naturalmente me quedaré a ver la Exposición —escribe en uno de sus viajes— ¿Qué haría allí? Lo mismo que aquí; estar sola y triste; aquí por lo menos nadie inventa nada para mortificarme, porque a Dios gracias no veo a nadie."

Esta fue una de las razones por las que Aurelia decidió alejarse del país. Tenía cincuenta y dos años y se había quedado irremediablemente sola. Acababa de perder al hombre que había amado toda su vida y sentía que nadie en este mundo se interesaba por ella. Interés positivo, claro, porque si se trataba de criticarla muy pocos en su círculo se sustraían de este hábito. Incluso su propia familia. Ella misma lo cuenta: "Aquí no soy nadie, no conozco a nadie y gozo de lo que está abierto para todo el mundo, joven o viejo, solo o acompañado, y tranquila respecto del qué dirán, que allí es simplemente calumnia, que en general sale de la misma familia".

Para cualquier mujer sola, es decir, sin hombre, era bien difícil la vida en el Buenos Aires de fines del siglo XIX, y sobre todo para una mujer con la historia de Aurelia. "En la Argentina nadie recuerda haber visto en un café a una señora bien", observó un viaje-

Carta de Aurelia Vélez a su sobrina María Carranza, en la que anuncia el traslado de los restos de su padre.

184

ro italiano que visitó la ciudad en 1890. Los cafés, los restaurantes y los clubes estaban reservados para los hombres; las mujeres sólo concurrían al Club del Progreso o al Jockey Club determinados días del año, como en las fiestas de carnaval o los aniversarios patrióticos, siempre que fueran acompañadas de sus parientes masculinos más cercanos. Pero Aurelia no tenía ninguno que cumpliera ese rol.

En otra oportunidad se lamenta: "El número de los que pueden interesarse por mi bien se limita casi por completo", e insiste: "Aquí ya lo has palpado, hay vida para todos y lejos de las críticas, de los que nunca dan nada de sí, y sin embargo se creen con el derecho de encontrar malo lo que los demás hacen".

Habían pasado más de diez años de la muerte de Sarmiento y la seguían persiguiendo con el fantasma de aquella relación. En 1901, desde Montecarlo le pregunta a su sobrina: "¿Por qué me dices que si me encuentro con las Rojo que las salude? Pero es bien sabido que desde que llegué he parado en el mismo hotel que ellas ocupan, y que parte de los viajecitos como un verano en los Pirineos, otro en Suiza ha sido en su compañía. Y esto quiero aclararlo no porque sea bastante ridícula para creer que todavía necesito que me cuiden, sino porque veo apuntar en esa ignorancia tuya de dónde paro, una que otra calumnia probablemente debida a las mismas personas. ¡Cómo me alejan estas cosas de todo aquel mundo! Verdad que se ha corrido tanto por aquí que ya me imagino las noticias que correrán".

En la carta anterior también se refiere a las dudas que circulaban sobre su lugar de residencia en Europa: "Estás rodeada de un círculo que es adverso hasta la calumnia y temía que tú también te hubieses contaminado con ella; veo que no es el motivo sino uno que no alcanzo a comprender".

Estos ataques contra su persona en nada arredraban el carácter fuerte y altivo de Aurelia y tampoco su estilo directo para responderlos: "La reconciliación que deseabas está hecha. ¡Famosa reconciliación con persona que sé que no me quiere ni me estima! Nada sacaré de ella: las heridas que he recibido son de las que no cierran nunca; y en cuanto a lo que eso me convenga es inútil decir que estoy muy lejos de necesitar conveniencias. Otra cosa serían los afectos que sé no encontraré. Pero pues se desea una mentira social, ahí la tienen".

A Aurelia le desagradaban las relaciones sociales superficiales y las formalidades sin contenido. Tiempo antes, durante una estada en un hotel de Capilla del Monte, Córdoba, había escrito: "Temo que esto va a descomponerse con la venida de 'X' y familia (el nombre es ilegible) y varios de esa calaña; ya es preciso vestirse regularmente, así que preveo que será incómodo después, sin haber ganado en sociedad. La Anchorena Basualdo está aquí, pero no se acerca a nadie, come en pieza separada y no va al salón. Si las demás dormidas hiciesen lo mismo estábamos salvados". Seguramente por este rechazo es que cuando Aurelia permaneció en el país nunca eligió Mar del Plata, el lugar de moda donde veraneaba la alta sociedad.

En medio de la hostilidad que sentía en Buenos Aires, su sobrina María Carranza de Lawson, hija de su medio hermana Vicenta ya fallecida, se convirtió para ella en la persona más cercana con la que solía desahogarse de sus tristezas. En esa correspondencia con María se puede descubrir a una Aurelia herida por la calumnia, pero sobre todo desamparada por su soledad. Aunque estaba acostumbrada a las críticas, ahora que se había quedado sola le faltaban fuerzas para soportar todo ese mundo al que hasta hacía poco casi no había tenido en cuenta. Más que la calumnia, lo que a Aurelia le pesaba era la falta de amor.

El último familiar directo que le quedaba era su hermano Constantino, de quien estaba alejada no sólo por la distancia que separaba sus casas, sino por la mala relación con su cuñada Carmen y algunas de sus sobrinas.

Cuando en 1899 Aurelia partió hacia Europa, se embarcó angustiada por la salud de su hermano, pero distanciada como estaba de esa familia evaluó que nada podría cambiar quedándose en el país. Desde Canterets escribe: "Sé que Constantino está cada vez peor de su corazón, esto me amarga mucho la vida, pero, qué haría estando allí".

Poco después, en Biarritz, recibió la noticia de que Constantino había muerto. Salvo ella, era el último de los Vélez Sarsfield que quedaba vivo, y esta realidad la hizo tomar conciencia de la posibilidad de su propia muerte: "Este (momento) ha sido muy triste para mí, a pesar de que tiempo atrás venía siendo temido. Pero es distinto temer a saberlo realizado, y realizado tan lejos. Muy sola ya en este mundo, pero es de creer que no será por mucho tiempo".

Inmediatamente envió un telegrama y una carta a su cuñada pero no recibió respuesta, lo que le produjo una profunda tristeza. "Carmen madre no me ha contestado la carta que le escribí después de la muerte de Constantino, y Sara (una de sus sobrinas) para disculpar esa falta me dice que no le han entregado mi carta ¡por temor de la impresión que pueda causarle! Ya ves cuán distante estoy del corazón de aquellas gentes. Como nada he hecho que merezca esto, me digo que el mal sino con el que nací sigue siendo el mismo."

Sus sobrinos eran la única familia con la que contaba y se sentía dolida por el descuido que advertía en alguno de los hijos de su hermano. Desde París le dice a María: "Todo lo concerniente al casamiento de Manuela me ha sido muy desagradable y hasta el final, que se separa de una familia honorable como la de Paz muestra la falta de cabeza de ella y un carácter caprichoso: ha hecho siempre lo que le ha parecido bien y sólo su madre ha tenido alguna influencia sobre ella, ahora que le falta vamos a ver elevarse un globo que andará estrellándose en todo. No estás en la verdad cuando crees que mi presencia allí hubiera cambiado las cosas: no soy nadie para ella y quisiera haber conservado su carta de parte para que vieras que era yo tratada como una extraña. Cuando ha deshecho su arreglo es lo mismo, dos renglones contenían todo, después nada, ni la más pequeña explicación que la que recibo de las hermanas y de ti. Te digo esto que no es amable porque estoy cansada de que se crea en mi influencia en una familia con cuyas decisiones todas he estado siempre en contra".

Había pasado más de medio siglo desde que Aurelia se había separado de Pedro Ortiz y ahora se refería con dureza al divorcio de su sobrina Manuela Vélez del doctor Benjamín Paz (hijo). Resulta insólito leer de la pluma de Aurelia expresiones como "ha hecho siempre lo que le ha parecido bien", como si ella hubiese actuado de otra manera en su propia vida. Lo que le ocurría es que con más de setenta años había tenido tiempo suficiente para reflexionar y, si bien no renegaba de su historia sobre todo en lo referente a su amor con Sarmiento, añoraba haber formado una familia.

En 1900, desde Lucerna le escribe a María: "No tengo el entusiasmo de las Rojo por París; lo dejo fácilmente y me encuentro bien. Pero esa facilidad de cambiar de escena y de clima no tiene precio para mí que no tengo allí lo que hace buena aquella vida: la familia. No la familia que va cada ocho días por una hora, sino la que forma un alma con varios cuerpos. Por muchos motivos, todos desagradables, me siento allí muy sola, y como no hay con qué engañar la vida de la que es vieja y sola, se pasa muy mal".

En otra oportunidad se enoja con su sobrina: "Y ahora me acuerdo que tengo que retarte, no como tía sino como quien te quiere. Lo que has escrito diciendo que has hecho tres locuras: casarte, tener dos hijos y edificar. Será esto muy espiritual pero es cruel y falso. Has hecho perfectamente en casarte por más de una razón y en cuanto a los dos tesoros que Dios y

Exposición Internacional de París.

Lawson te ha dado, no sé cómo ni en broma has podido decirlo: todos te los celebran y envidian".

Aurelia no había perdido la memoria al disgustarse con su sobrina Manuela y su decisión de separarse de su marido, sino que deseaba que no le ocurriera lo mismo que a ella en la vejez. Por eso le dice a María: "Te agradezco que desees verme, eres la primera que me lo dice y lo cuento en mucho, y todo esto que te digo me hace siempre alegrarme de que te hayas casado, de que tengas tu compañero natural y sobre todo los dos tesoros que te ha dado Dios con tus lindos e interesantes hijos; no estarás sola en la vejez; esto es algo que no tiene precio y que como la salud, no se estima sino cuando se pierde".

Lo que en verdad lamentaba Aurelia era no haber tenido hijos, porque por más que hubiera permanecido junto a su marido o hubiese formalizado su relación con Sarmiento, ambos muertos a esta altura, también se habría quedado sola. Y la soledad le pesó demasiado. "Encuentro también que mi viaje va largo —le escribe a María desde París— pero aún no me decido a ponerle fin, no es que me divierta excesivamente, pero la vida se desliza tranquila, distraída a veces. No te imaginas mis tristezas de allí, nadie sospecha en la vida de los demás los inconvenientes, las soledades, los deseos que no pueden ser satisfechos, los disgustos de los que no se habla."

Por eso tardaba mucho en fijar la fecha de su regreso y, a veces, llegó a dilatar hasta un año esta decisión porque su vida en Buenos Aires le parecía una pesadilla: "Tienes razón de creer que algo me costará volver por allí. Cuando pienso en mi irremediable soledad, material y moral, sin nada que la haga llevadera, se me estremece el cuerpo al pensar que un día u otro tendré que ir a cargar con ella por toda compañía. En esto no hay nada ofensivo para nadie: cada uno tiene sus afectos, sus deberes, que muchas veces lo alejan de la sociedad y de la ayuda y defensa del que no los tiene; no son solo las diversiones lo que allí me falta —es más serio y triste el asunto— cuando vaya conversaré contigo, en cuyo afecto creo; y si no lo hago, habrá un papel que leerás después que empiece para mí el eterno viaje".

Pese a su carácter altivo, Aurelia se define en la carta anterior como indigente y desprotegida, habla de la "ayuda y defensa" de los que no tienen afecto. Sin embargo no debió ser fácil llegar a su corazón. La independencia que cultivó durante su juventud se le volvió en contra durante su ancianidad y ahora le costaba aceptar el cariño que algunos le ofrecían. "No creas que mi vida sea muy divertida ni variada —cuenta desde Cantorets— pero es un pequeño cambio a lo de todos los días a lo que puede esperar la que es vieja y sola. Tengo ahora una sirvienta que me ha proporcionado la señora de Luis Doynel para que me acompañe y sirva en las pequeñas cosas. La familia de Luis y Juana son no ya excelentes sino admirables en bondad y cariño para conmigo; en las dos casas tengo desde que llegué mi pieza puesta en la ciudad y en el campo; y casi se enojan porque no las ocupo; esto me obligará a hacerles una visita muy cortita porque yo no estoy ya para huéspeda; creo siempre que puedo incomodar y esto me retrae de tomar una taza de té; sí esto me ocurre."

No obstante, logró hacer nuevas amistades: "En Dasc encontré a la Marquesa de Angulo, aquella buena moza del hotel Continental: ¿te acuerdas? Somos las mejores amigas; y la estadía en Lourdes ha sido para mí muy agradable en parte por la buena compañía y amistad con que me rodeaba. Ahora está en San Sebastián de donde ya he recibido dos cartas llamándome y ofreciéndome lo que ella pueda dar en su país. De cuando en cuando se encuentran gentes buenas y amables que dulcifican la vida".

A veces encontraba también algunas amigas de Buenos Aires con las que pasaba el tiempo de esta manera: "Tengo días tristes aquí y en que veo mi absoluta soledad; tengo otros como el de ayer, día espléndido en la Exposición. Allí encontré a Alcira y Sofía, nos sentamos juntas y después tomamos el té en medio de jardines espléndidos; a las seis y media salimos para el hotel; a la noche conversación con las Rojo que están buenas y a las diez a la cama. No es mucho, pero para mí que no tengo con quien hablar allí, ni puedo ir a ninguna parte porque soy sola es algo que hace pasar la vida que de otro modo se torna pesada y odiosa. Y esto sin hablar de cosas más desagradables aún. Ya ves que tengo mis razones para no poner aún punto final a mi ausencia, pero un día u otro tendrá que ser la vuelta a aquella soledad, a aquél mutismo, a aquellas noches de tristeza infinita que acaban con las fuerzas del más decidido a conformarse con su suerte".

Cuando se presentaba la oportunidad, Aurelia se alegraba de repetir reuniones que le recordaban sus mejores tiempos en Buenos Aires: "Las Rojo, las Velázquez, Manuela Abella y yo hicimos una pequeña tertulia de noche lo que es agradable y raro aquí donde se vive tan alejados de todos".

Con la misma intensidad con que ponía distancia de quienes la denostaban, se ocupaba de los que quería. Mientras realizaba sus viajes no dejó de preocuparse por sus amigos, por su familia y por su padre.

Desde Milán escribe: "Vengo de los lagos de Italia que habían sido bellísimos y ahora aquí en busca de una urna para los restos de Tatita", a quien cinco años antes se había encargado de trasladar de su primer lugar de entierro en la bóveda de la familia Carranza.

En 1909 y con setenta y tres años no dudó en trasladarse desde París a Madrid cuando se enteró de la muerte de su amigo Aranda. "Yo tenía una deuda con Aranda —le cuenta a María— él me ayudó a poner en el cajón a Rosario (su hermana) y le puso con cariño una almohadita para tenerle la cabeza derecha, nunca lo olvidaré. Recibí el telegrama el sábado y a las dos horas había tomado el tren a Madrid y llegado, desgraciadamente, cuando ya estaba enterrado; pero he participado durante quince días de todas las lágrimas que se han derramado por él; estoy pues contenta."

De nuevo en París, y a pesar de haber pasado tres días en cama y resfriada, la ya anciana Aurelia acompañó a una amiga enferma. "Aquí estamos con Alcira en el sanatorio. El 26 la operaron: como siempre muy bien y sin ninguna complicación. Es verdaderamente curioso este mal que se agarra de un cuerpo completamente sano, que soporta tan bien operaciones tan terribles sin fiebre ni nada que se interponga en contra del éxito de ella. De su valor y serenidad no hay sino que admirarse; hasta las enfermeras se admiran de esta enferma que no sufre en relación a lo que se la hace. Ahora queda esperar que esto no se reproduzca otra vez. Dios lo quiera. Sofía va todos los días a las ocho de la mañana y vuelve a las nueve de la noche. Yo voy seguido también."

Por supuesto, también se preocupa por María y por su familia y a pesar de la distancia siempre está al tanto de lo que les ocurre. "En tus últimas cartas me dices que has estado enferma, una vez con dolores al vientre y otra con ataque a la vejiga. No me gusta esto y te aconsejo que no te recetes remedios que pueden ser los que no necesitas; llama médico, es más seguro." Respecto de su marido le dice: "Siento tanto que Lawson no esté bien del todo; dile que no se ocupe demasiado de la casa, que de un modo o de otro ha de dar resultado; que se ocupe de estar sano que es lo que tú y tus hijos necesitan, y que vaya a Córdoba sin pensar en la edificación, pues tienen ingeniero y constructor". Conoce hasta los pequeños accidentes: "Espero que tu caída y lastimaduras con los dientes de la peineta no te hayan hecho sufrir mucho y que no tengan consecuencia. ¡Caída más rara!". Y se pone a su disposición: "¿No necesitas nada? No creas que soy tan inútil que no pueda darte gusto en lo que necesites, sea para ti, los niños o la casa, y con los collis postales es muy sencillo porque la casa misma los envía".

En la relación con los hijos de María, Eduardo y María Ester Lawson, Aurelia aparece con la ternura de una abuela. Cuando todavía tenían unos pocos años, al terminar sus cartas le pedía a María: "Háblales a tus hijos de mí para que mi nombre no les sea extraño cuando me vean" y como no podía escribirles directamente les mandaba a decir: "A Eduardo dile que ahora me entregarán un trajecito de pantalón largo que deseo le guste. Para María Ester va un tapado que es el último modelo, y para los dos muchos besos de la vieja tía que piensa siempre en ellos y que desea que no la olviden". Sus sobrinos nietos correspondían este cariño: "Están los niñitos hechos una monada en los retratos que me has mandado, y

Inauguración del monumento de Sarmiento en el Parque Tres de Febrero, 1900.

me han dado un buen día y reídome de buena gana con lo que me mandan decir. En el espejo de la chimenea están colocados. Es lo primero que veo al despertar y me alegra el corazón". En otra carta escribe: "Veo que mi querida María Ester se va animando a enviarme muchas cosas; diles a los dos que te encargo a ti y a Lawson que los sienten en las faldas y los estrujen bien en mi nombre cubriéndolos de besos que deseo darles: que vengan, ¡cómo se divertirían y yo con ellos!".

A medida que fueron creciendo, se preocupó por su educación: "Muy bueno que los niños empiezan a estudiar; querría recomendarte dos cosas: los idiomas, y que a María Ester no la metas demasiado en los conventos; ten presente a Rosa, se empieza sonriendo y se concluye llorando". No sabemos quién es Rosa ni qué le había sucedido para que Aurelia diera este consejo, pero se puede reconocer en esta opinión el pensamiento de Sarmiento sobre la educación confesional y aquél discurso en Montevideo que ella le había ayudado a corregir. Y aunque no habían pasado tantos años parecían muy lejanos aquellos tiempos en que lo había visto promover la educación femenina. Según el testimonio de una maestra estadounidense afincada en el litoral —una de las tantas que Sarmiento trajo al país—, en los últimos años del siglo XIX las familias pudientes ingresaban a sus hijas en un convento de monjas para que aprendieran las primeras letras, un poco de música, bordado y religión. *El Correo de los Niños*, un periódico porteño de la época, confirma este relato. En un artículo titulado "Educación de la mujer porteña" señala que "la aristocracia educa a sus mujeres para el lujo y los placeres, aunque no las ilustra, le basta lo superficial, las fórmulas sociales; aquellas exterioridades suficientes para entretener dos horas de sociedad, o pasar una noche entre monosílabos y sonrisas. Un poco de piano, algo de canto, el dibujo, el francés; eso sí, lectura franca de cuantos libros de romanticismo hayan escrito los novelistas franceses. Sabiendo todo esto, ya está formada la educación de la mujer aristocrática".

Aurelia estaba muy lejos de este pensamiento y una vez más rechazaba las costumbres de la época. Por eso le dice a María: "Mucho me alegro de saber los adelantos de María Ester, ya sabes que estimo mucho la inteligencia y el saber, y me alegra que tus hijos salgan del vulgar. Pero hay que tener cuidado con la salud y que no la dejes estudiar demasiado tiempo seguido. Leeré con gusto sus cuadernos si me los envías".

Cuando le escribe directamente a Eduardo le dice: "Quedo deseando saber tus clasificaciones que creí serán buenas, pues tu harás todo lo posible por contentar a los que te queremos y deseamos que seas ilustrado y bueno". Después le aconseja: "Estarás muy contento con la ida a La Falda a causa del caballo; cuidado con hacer locuras y romperte una pierna; sufrirás y harías sufrir a los que viven de ti". Y hasta lo anima en su afición por la música: "Siento yo también que María haya decidido tan pronto que no sigas estudiando el violín: si tú lo sientes, es que hay algo dentro que acabaría de brotar quizá con el estudio, a veces los resultados se dejan esperar pero llegan al fin".

Poco antes de regresar a Buenos Aires de uno de sus últimos viajes, la ya muy vieja tía Aurelia reprende a Eduardo por la actitud ante su madre que hacía un tiempo había enviudado: "No embromes a tu mamá por su ida al teatro que debe repetir. Nadie debe enterrarse en vida, es estúpido y son ideas de aquella tierra que se cree tan avanzada y es tan atrasada y por eso tan mala. El bienestar de los otros la ofende". Aurelia se rebelaba contra esta otra costumbre de su época que obligaba a las mujeres a "sepultarse" junto con sus maridos muertos y en cambio celebraba a los hombres viudos que volvían a contraer matrimonio. Por eso era tan dura con su sobrino varón.

Es que a pesar de estar casi pisando los ochenta años, Aurelia seguía dando pelea.

Vapor Re Vittorio, en el medio del océano,
marzo de 1910.

Vuelvo sin mucho entusiasmo. No encontré lo que fui a buscar. Hace veinte años que partí para esperar la muerte, lejos de mi país porque no quedaba nadie que se interesara por mí, salvo para lastimarme.

Esperé la muerte con tranquilidad porque ella tiene a los que más quise. Hasta la deseé y logré recuperar ese sentimiento que hacía tiempo tenía oculto en algún lugar de mi memoria y de mi corazón. De mi deseo hablo, ése que traté de hacer realidad en mi vida sin fijarme en las opiniones ajenas. Lo pagué caro.

La muerte no llegó, y ahora vuelvo no porque quiera sino porque no me queda más remedio. En poco tiempo cumpliré setenta y cuatro años, uno menos de los que tenía Tatita cuando se fue para siempre. A mi edad se hace difícil seguir dando vueltas por Europa, sola y con el reuma como único y molesto compañero de viaje.

Veinte años es mucho tiempo. Tal vez suficiente para que mi recuerdo se haya desdibujado en los que tanto me hicieron sufrir con su condena. A lo mejor me dejan en paz. Si a Sarmiento lo congelaron en una estatua a mí bien pueden archivarme en el olvido. Igual que él, prometo no moverme.

CAPITULO IX

"Recibo en este momento tu carta con la cariñosa invitación que me ha hecho sonreír. ¿Te olvidas que en estos días cumpliré ochenta y siete años, lo que no me permite viajes ni cosa parecida?"

Aurelia Vélez a una sobrina,
Buenos Aires, 1923.

El 25 de marzo de 1910 Aurelia puso fin a su último viaje por el mundo. Llegó a Buenos Aires a bordo del *Re Vittorio*, y le costó reconocer la ciudad. El ritmo pausado de la Gran Aldea se había convertido en un torbellino de tranvías eléctricos, carruajes y automóviles que se enmarañaban en las calles del centro. Hasta el Congreso se había mudado a un imponente edificio en el extremo de la Avenida de Mayo. Si su padre hubiera podido verlo... Y Sarmiento, que siempre criticaba al que había construido el antiguo recinto porque no había pensado que la legislatura estaba compuesta por dos cámaras. El viejo edificio tenía una sola sala y por eso los diputados y senadores debían alternar las sesiones.

Alrededor de la Plaza de Mayo habían alisado el viejo empedrado torcedor de tobillos, y los cables del teléfono y de la electricidad surcaban el cielo de Buenos Aires. Y pensar que Aurelia todavía recordaba el olor del sebo que iluminaba las casas en su infancia. Ahora sus sobrinos nietos dibujaban en sus cuadernos a esos vendedores callejeros que llevaban las velas colgando de una caña como si se tratase de personajes de un cuento.

Aurelia llegó justo a tiempo para participar de las celebraciones del Centenario de la Revolución de Mayo. Conservaba muy vivos los relatos de su padre sobre los acontecimientos de mayo de 1810. El tenía apenas diez años y vivía en Córdoba, y le hablaba del miedo que habían sentido y después la alegría que se transformó en fiesta, cuando vieron llegar las tropas de Buenos Aires que les traían la noticia al grito de "¡Tenemos gobierno propio!". Aurelia había crecido con la conciencia de que su tío, Bernardo Vélez, hermano mayor de Dalmacio, había sido una de las primeras víctimas de la revolución al caer en el Desaguadero junto al teniente Pereira Lucena. Si creía ver el rostro emocionado de su padre cuando le contaba que los cabildos de Córdoba y de Buenos Aires le habían rendido honores a su hermano. Le parecía mentira estar festejando ahora los cien años de esos episodios que para la mayoría eran tan lejanos en el tiempo y para ella formaban parte de la historia familiar.

Buenos Aires era una fiesta. Habían llegado representantes de los más importantes países del mundo, y entre ellos la Infanta Isabel de Borbón, la única mujer embajadora, que se convirtió en el personaje del año. Los diarios informaban sobre sus gustos, sus comidas preferidas y hasta sobre sus chistes durante los paseos por la ciudad, porque la Infanta sorprendió por su buen humor y por su carcajada espontánea. La escoltaban doscientos policías y el presidente Figueroa Alcorta dispuso treinta y seis personas para su servicio personal. A cien años de la rebelión contra la corona bien valía la pena atender con preferencia a la

Festejos del Centenario de la Revolución de Mayo en Buenos Aires.

hermana de Alfonso XIII, el rey de España, se dijo Aurelia que, pese a sus setenta y cuatro años, hizo el esfuerzo de asistir a la inauguración del Monumento a los Españoles levantado en medio del parque que tantos años antes había soñado Sarmiento.

Aurelia gozaba de buena salud pero sufría de algunos achaques propios de la edad. Hacía ya diez años que había escrito desde Milán: "Si pudiera arreglar un ir y venir de tiempo en tiempo me gustaría; sólo que ya los años son muchos y muy difícil la salud al fin de la vida". Tenía que cuidarse del frío para proteger sus bronquios, y durante sus estadas en Europa era habitual que cambiara de ciudades buscando lugares más cálidos. Desde París le decía a María: "Por aquí todos buenos, hasta yo que me resiento tanto del frío que felizmente es moderado aún; si viniere frío agudo o me sintiese con disposiciones a enfermarme me iré al Mediodía".

Era muy cuidadosa con su salud y en sus viajes aprovechaba para consultar a los médicos europeos. "Yo pienso ir a Suiza —le contaba a su sobrina en 1900— en busca de mejor salud; esto si el médico que me verá antes no decide otra cosa". Y era estricta para seguir las recetas y ni siquiera las abandonó por el entierro de la Reina. Desde Montecarlo relataba: "Ya ves que me cuido, querida María, pues hace mes y medio que estoy aquí esperando pasen los fríos que este año son muy grandes. Naturalmente nada divertido es esto para la que no va al Casino ni al teatro de noche, y que como conversación sólo podría hacerla con la sirvienta, pero la salud ante todo (...). Me he quedado sin ver el entierro de la Reina Victoria por miedo a los fríos, y temo que me quedaré sin un viaje a Alemania temiendo el clima".

Apenas cumplió los sesenta años, el reuma también comenzó a molestarla. En sus viajes trató este mal con un sistema que ella misma describió: "Mi salud regular, el reuma no me hace sufrir aún pero no tiene cura. Los dedos que habían empezado a dilatarse siguen tranquilamente lo que les parece. Lo que encuentro peor es que el sistema de Dasc me ha debilitado y enflaquecido de manera por demás sensible; y no era posible de otra manera pues dos duchas diarias de agua bien caliente y esto por veinticinco días sin interrupción es difícil soportarlo. Muy grande estrago a mi edad, y sin contar la media hora de tener las manos en el barro caliente cosa que me hacía transpirar mucho. Y ahora salimos con que sólo es para estorbar que sigan los otros dedos".

Su espíritu también se resintió con el paso de los años: "*Goza* —le aconsejaba a María— que más tarde ya no se goza con nada, pues los sufrimientos morales que dejan heridas que no cierran y los de la salud que siempre es peor, unidos al desgano de todo hacen que el más grande de los placeres sea ponerse en la cama a las ocho".

De vuelta en Buenos Aires, todavía tuvo ánimos para trasladarse en los veranos a Adrogué, San Fernando u Olivos, ahora para huir del calor sofocante de la ciudad. En 1912, le escribía a su sobrino Eduardo Lawson: "Yo no sé aún a dónde dirigirme pero en diciembre saldré, pues anoche ya no he dormido ni un minuto por el calor".

Durante sus últimos años, Aurelia se sintió más acompañada por sus sobrinos. Desde Olivos le decía a María: "Se fueron las sobrinas, yo no me emociono sino por Carmencita que iba muy animada pero muy destruida", refiriéndose a una de las hijas de Constantino. Aurelia estuvo muy cerca de ella en sus últimos días y sufrió mucho con su enfermedad. "Carmencita está mejor —escribía en otra carta— no tose, come regularmente y hasta da algunos pasos sola, lo que le causa risa como si fuera imposible eso para ella. Martí dice que es un cadáver pero cree que caminará sola porque va ganando fuerzas. Pero tiene siempre fiebre y el corazón siempre mal. Asimismo el saber que sufre menos me alegra sin dejarme ilusionar. De lo demás no puedo adelantarte nada; al parecer siempre se piensa en lo mismo pero ahora se dice que será a fines de este mes. Esto es tan doloroso para mí como puedes imaginarte y no tengo cómo saber la verdad". Aurelia había visto morir a toda su familia y ahora le tocaba despedir también a una de sus sobrinas. Carmen murió poco tiempo después.

En esa misma carta le pedía a María: "Escríbele a Eduardo que venga a comer conmigo en los días calurosos pues siempre se está mejor aquí. Me gusta que la familia me vea porque soy muy sola".

Seguía los acontecimientos por los diarios. Por la prensa se enteró de que su viejo amigo desde los tiempos de la redacción del Código Civil, Victorino de la Plaza, más tarde presidente de la Nación, casi perdió la vida durante los actos del Centenario de la Independencia. No entendía mucho al hombre de apenas veinticinco años que había apuntado con una pistola a la cabeza del presidente al grito de "Viva la anarquía". Tanto esfuerzo para superar la anarquía en el país y ahora algunos jóvenes decían con orgullo que eran anarquistas... "País más raro donde todo anda al revés", se repetía Aurelia.

El 26 de noviembre de 1920, a los ochenta y cuatro años, decidió que ya era tiempo de hacer su testamento. Ante el escribano Nicanor Repetto, declaró como sus únicos y universales herederos a sus sobrinos, a quienes dejó sus propiedades inmuebles. También asignó distintas sumas de dinero a sus sobrinos nietos, y dispuso para su sirviente, José Méndez, siete mil pesos moneda nacional "y los útiles que podrá necesitar para instalarse cuando salga de la casa: alfombras, sillas, utensilios de cocina".

Ordenó que se le diera a su sobrina nieta Manuela Paz de Ortega Belgrano "el armario negro que le pidió (...) y la biblioteca que está en su dormitorio" por la que Aurelia tenía un afecto especial. Se la había rega-

Victorino de la Plaza (el tercero desde la derecha), viejo amigo de Aurelia, en una celebración oficial como presidente de la Nación.

lado Sarmiento con el *Orlando Furioso* de Ariosto, los dramas de Shakespeare y las tragedias de Corneille. Junto con el mueble le había enviado una notita que decía: "Le mando esta biblioteca porque los libros son como las palomas, necesitan tener un nido". Aurelia, pese a vivir en una casa espaciosa, la ubicó en su cuarto.

Aunque Aurelia no era muy religiosa, ordenó que se le diera ocho mil pesos a la Sociedad de San Vicente de Paul de la parroquia del Socorro a la cual pertenecía por su domicilio, y que la imagen de la Virgen de la Silla, que había sido de su madre, fuera entregada a la parroquia San Miguel porque "allí era donde solía rezar". Tal vez en recuerdo de su tía Tomasa Vélez, una de las primeras animadoras de la Sociedad de Beneficencia, legó diez mil pesos para el fondo de sus pobres.

Dispuso también que el busto de mármol de su padre que presidía su casa fuera trasladado a la Facultad de Derecho de Buenos Aires, donde permanece actualmente, y que la bandeja de plata que el Ferrocarril del Sud le había regalado a Dalmacio con su nombre grabado, la conservara Eduardo Carranza Vélez, quien posteriormente la donó al Museo Histórico Nacional, donde aún se expone en una de sus vitrinas.

Incluyó después una cláusula que parece consecuencia del cuidado que durante toda su vida debió tener de su intimidad. Pidió que los muebles, plata labrada y demás pertenencias fueran repartidas entre sus sobrinos con la condición de que si decidían venderlas "lo hagan en privado, previa tasación, no pudiendo hacerlo en remate público", y recomendó "encarecidamente a su albacea el cumplimiento de esta disposición".

Por último expresó el deseo de que su entierro fuera "lo más sencillo posible y lo más silencioso también", y legó a sus sobrinos la parte que le correspondía en el sepulcro del Cementerio de la Recoleta donde estaban los restos de sus padres.

A casi setenta años de la separación de su marido, Pedro Ortiz, y ni aún en el momento de testar, olvidó la decisión de no usar su apellido de casada. Dictó su filiación de esta manera: "Aurelia Vélez Sarsfield, natural de esta ciudad, de ochenta y cuatro años de edad, e hija legítima de los finados Dalmacio Vélez Sarsfield y de doña Manuela Velázquez, de estado viuda...".

Después, poco a poco, se fue desprendiendo de sus objetos más queridos. En una tarjeta con su nombre impreso y con la letra quebrada por los años, le escribió a su sobrina: "Un abrazo, querida María; más tarde iré a verte. Esta compotera va para que empieces a conservar mis cosas".

Un año antes de morir, en 1923, volvió a escribirle: "Mi querida María: deseo dejar el retrato de mi padre rodeado del mayor cariño posible. Creo que eres tú la que puede realizar mi deseo. Realízalo pues mientras vivas y después déjalo bien afectuosamente acompañado". En otra oportunidad le envió otro óleo de Dalmacio "pues creo que te pertenece el conservarlo por ser la nieta mayor que más lo ha conocido".

En ese mismo año recibió de otra de sus sobrinas una invitación para viajar a Córdoba a la que respondió con humor: "Recibo en este momento tu carta con la cariñosa invitación que me ha hecho sonreír. ¿Te olvidas que en estos días cumpliré ochenta y siete años, lo que no permite viajes ni cosas parecidas? Me cuido y todo es a su hora. Como poco y cosas ligeras y especiales. Hace ya meses que no voy a ninguna de las casas de la familia, ni a la de algunas de las amigas que vienen siempre a verme, aun cuando saben que no les pagaré la visita, y que aun muchas veces no puedo recibirlas por mi mala salud. De todas maneras, gracias por la invitación. Su anciana tía que las quiere".

Aurelia se fue apagando de a poco y con consciencia, de la misma manera que había vivido, mirando de frente los acontecimientos. Pasó sus últimos años recluida en su casa, rodeada de sus libros y de sus recuerdos. En Buenos Aires ya no se hablaba de ella. Habían pasado los tiempos de la calumnia y de las habladurías que la mantuvieron tanto tiempo alejada del país. Eran muy pocos los que recordaban su historia de amor con Sarmiento, porque casi nadie tenía tantos años como ella, y los biógrafos que escribían sobre la vida del prócer tuvieron la deferencia de no mencionar su nombre al referirse a esta parte de su historia. Así como tampoco la reconocían como partícipe en tantos momentos fundamentales para la organización del país.

Ya no discutía con nadie sobre política, pero no le parecía nada mal ese Hipólito Yrigoyen que se le atravesaba a la mayoría de sus conocidos. En algunas cosas le hacía acordar al pensamiento de su Tatita. Le parecía escuchar los discursos de su padre sobre "una buena ley de tierras para los extranjeros, para sus capitales, para su trabajo, para su inteligencia, para que sean propietarios del suelo, se arraiguen en él, lo cultiven y mejoren, y lo dejen a los porteños, sus hijos". Al fin y al cabo eran esos hijos los que lo habían elegido para presidente. Claro que a veces coincidía con sus amigas en la crítica a la falta de refinamiento del populacho y se acordaba de su molestia cuando los domingos el "chusmaje" invadía Adrogué. Pero, bueno, los tiempos cambiaban y ella había visto tantos, y algunos tan malos, que nada le parecía peor que los degüellos de su infancia.

En la madrugada del 6 de diciembre de 1924, rodeada de sus sobrinos y sobrinos nietos, Aurelia recibió a la muerte que durante tantos años había esperado. Esa mañana los porteños leyeron en el diario *La Nación* una necrológica que hubiera aliviado en algo el dolor y la soledad de su último tiempo: "El fallecimiento de doña Aurelia Vélez Sarsfield impresionará penosamente a la sociedad argentina. Lo ilustre de su nombre y su edad venerable expresaban por sí solos el largo transcurso de tiempo que se vincula a las épocas oscuras, más agitadas y más profundas en su desenvolvimiento creador de nuestro país. En su país ha conocido a las personalidades que fueron la potencia civilizadora de la República, y ha estado en la amistad familiar de los que fueron, en momentos memorables, los protagonistas de la vida colectiva. Evocaba su presencia esas cosas lejanas y esas memorias olvidadas que se avivaban en su comentario de testigo, en sus recuerdos domésticos, en sus relatos espontáneos y simples, al azar de la plática, como si resurgiera con su palabra el ambiente que rodeaba en aquellos días distantes las personas y los sucesos".

En el siguiente párrafo, después de muchos años, el nombre de Aurelia apareció otra vez asociado al de Sarmiento. El diario la califica "como una mujer de fuerte inteligencia", y que "poseía una cultura completa, conocía la política, los problemas americanos y compartía en la tertulia paterna las discusiones

210

de que participaban los estadistas y los publicistas, entre los cuales nunca faltó después de la caída de Rozas, Don Domingo Faustino Sarmiento".

El artículo que le dedicó el diario *La Razón* habría acentuado aún más la ironía de su sonrisa. "El dolor acrisoló sus virtudes —dice de Aurelia— y retempló su ánimo, consagrada a la práctica del bien, conservando en edad tan avanzada la sensibilidad exquisita, la inalterable dulzura y la rectitud de su elevado concepto moral. Hízose acreedora del hondo respeto de los que contemplaron en su noble ancianidad, un trasunto de lo que fuera esa vida llena de nobles actividades y austera sencillez."

Después reconoce su trayectoria: "Su espíritu, que tuvo ocasión de juzgar la sombría época de la tiranía, desenvolvió sus especialísimas aptitudes de observancia y nutrió su despierta inteligencia, en contacto con las ilustres personalidades de épocas posteriores a ella, cuando se gestaba la organización definitiva del país, y no era por cierto, el menor encanto de su trato cultísimo, la facultad de evocar con toda fidelidad los momentos culminantes que la historia ha recogido".

Es que Aurelia tenía ochenta y ocho años y se

Tarjeta de Aurelia Vélez a María Carranza que acompaño el envío del retrato al óleo de su padre.

murió "de nada". El certificado de defunción firmado por el doctor Antonio Gandolfo señala como causa del deceso "senectud", es decir, ancianidad. Durante su larga vida había visto de todo: cabezas clavadas en picas, guerras, revoluciones, y fue también testigo privilegiada de la gestación del país. Como muy pocas mujeres de su época influyó en el ambiente político, discutió cuestiones con los personajes más notables y hasta trabajó para que el hombre que amaba llegara a la presidencia de la República. Y lo logró.

Pasó a la historia como la amante de Sarmiento, con cierto tono peyorativo, en el lugar de los defectos o por lo menos en el de las "no virtudes" del "Gran Maestro de la Patria" que también la amó hasta el último de sus días.

Sin embargo, Aurelia Vélez fue una mujer especial. Por muchas razones, pero sobre todo porque tuvo el coraje de construir con pasión su propia historia. Tal vez por eso se murió de vieja... se murió de tanto vivir.

APENDICES

APÉNDICE

Apéndice 1
El testamento

"En la ciudad de Buenos Aires, Capital de la República Argentina, a veintiséis de noviembre de mil novecientos veinte, ante mi el Escribano autorizante y testigos que se expresarán, compareció en la casa calle Libertad número ochocientos setenta y siete Doña Aurelia Vélez Sarsfield, viuda, mayor de edad, a la que doy fe conozco; y me manifestó la voluntad de otorgar su testamento y poniéndolo en ejecución me lo dictó y redacté en la forma siguiente:

PRIMERA: que se llama como queda expresado, es natural de esta Ciudad, de ochenta y cuatro años de edad e hija legítima de los finados Doctor Don Dalmacio Vélez Sarsfield y de Doña Manuela Velázquez.

SEGUNDA: que es de estado viuda, sin tener ni reconocer ninguna clase de sucesión.

TERCERA: que sus bienes constan en sus libros y papeles.

CUARTA: que hace los siguientes legados: a) Lega las fincas de sus propiedad calle Cangallo número ochocientos cincuenta y ocho, Victoria mil doscientos once y Libertad mil doscientos setenta y cinco y mil doscientos setenta y siete a las cuatro hijas de su hermano Constantino Vélez Sarsfield, que son: Doña Sara Vélez Sarsfield de Mernies, Doña Manuela Vélez Sarsfield de Paz, Doña Isidora Vélez Sarsfield de Castro y Doña Carmen Vélez Sarsfield de Martí, pero como ésta última ha fallecido la parte que le corresponde a ésta la lega a sus tres hijos: Doña María del Carmen Martí, Don Roberto Martí y Don Fernando Martí. b) Lega la finca de su propiedad calle Tucumán número mil seiscientos veinticuatro y mil seiscientos veintitrés a su sobrina Doña María Carranza de Lawson y la finca calle Maipú número doscientos veintiocho a su sobrino Don Eduardo Carranza Vélez hijos ambos de su hermana Doña Vicenta Vélez. c) Lega a su citada sobrina Doña María Carranza de Lawson el retrato grande del padre de la otorgante, pues ella lo conoció y lo quería. d) Lega a su sobrino Don Eduardo Carranza Vélez la bandeja de plata que lleva el nombre del padre de la otorgante, la cual le fue donada por el Ferro Carril del Sud. e) Lega a Doña Manuela Paz de Ortega Belgrano el armario negro que le pidió a la otorgante y la biblioteca que está en su dormitorio. f) Lega a la Facultad de Derecho de Buenos Aires el busto de mármol de su señor padre que tiene en su casa habitación el que deberá ser entregado con su basamento, esperando que la Facultad querrá conservarlo. g) Lega a su ahijado Don Dalmacio Paz la suma de diez mil pesos moneda nacional de curso legal. h) Lega a Doña Manuela Paz de Ortega Belgrano la cantidad de ocho mil pesos moneda nacional de curso legal. i) Lega a Don Benjamín Paz, hermano de los dos anteriores legatarios, la suma de ocho mil pesos moneda nacional de curso legal. j) Lega a Doña Albertina Casoni de Bafico la suma de seis mil pesos moneda nacional de curso legal. k) Lega a Doña Inés Doynel la suma de seis mil pesos moneda nacional. l) Lega a la Sociedad de San Vicente de Paul de la Parroquia Nuestra Señora del Socorro la suma de ocho mil pesos moneda nacional. ll) Lega a la Sociedad de Beneficencia de la Capital la suma de diez mil pesos moneda nacional para el fondo de sus pobres. m) Lega a su sirviente Don José Méndez siete mil pesos moneda nacional y los útiles que podrá necesitar para instalarse cuando salga de la casa de la otorgante, alfombras, sillas y utensilios de cocina; debiendo entregarse este legado libre de todo impuesto. n) Lega a las señoras Doña Ignacia y Doña María Baró mientras vivan, la suma de ciento cincuenta pesos moneda nacional mensuales. Para cumplir este legado deberán apartarse treinta mil pesos en cédulas hipotecarias que quedarán en poder de Don Eduardo Carranza Vélez quien queda encargado del pago de esta pensión a favor de dichas señoras o de una de ellas si llegare alguna a fallecer, con los intereses que produzcan dichas cédulas. Ocurrido el fallecimiento de éstas, los treinta mil pesos en cédulas se repartirán en seis partes iguales entre sus sobrinas antes nombradas. ñ) Lega el collar de perlas que fue de la señora madre de la otorgante para las tres nietas que viven. Doña Sara Vélez Sarsfield de Mernies, Doña Manuela Vélez Sarsfield de Paz y Doña Isidora Vélez Sarsfield de Castro.

QUINTA: que es de su voluntad que los muebles, plata labrada y demás cosas que no estén adheridas al edificio que ocupa la otorgante, que sus nombrados sobrinos las liciten entre ellos con la condición que si los quieren vender lo hagan en privado, previa tasación, no pudiendo hacerlo en remate público, recomendando encarecidamente a su albacea el cumplimiento de esta disposición.

SEXTA: que es su voluntad que las cédulas hipotecarias, títulos y dinero efectivo que queden y que resultarán de sus papeles, como también el producto de la licitación a que antes se ha referido, se reparta por partes iguales una vez satisfechos los gastos y legados entre sus seis sobrinos ya nombrados, a quienes instituye por sus únicos y universales herederos en el remanente de todos sus bienes, acciones y derechos.

SÉPTIMA: que es su voluntad que la parte que le corresponde en el sepulcro situado en el Cementerio del Norte de esta Ciudad donde descansan los restos de sus padres lo hereden por partes iguales sus sobrinos ya nombrados. Encontrándose el duplicado del título de dicho sepulcro en poder del señor Fernando Martí, desde que depositó en él los restos de su finada esposa Doña Carmen Vélez Sarsfield de Martí.

OCTAVA: quiere que su entierro y todo lo concerniente al mismo sea lo más sencillo posible y lo más silencioso también.

NOVENA: que es su voluntad que la "Virgen de la Silla" que era de su señora madre se le entregue al señor Cura de la Parroquia de San Miguel, para que éste le dé colocación allí donde se ora, pues era la iglesia de su señora madre y su rincón querido.

DÉCIMA: que nombra por sus albaceas al Doctor Don Alberto Marcó del Pont y a Don Alejandro González para que en el orden que quedan nombrados cumplan lo que deja dispuesto en éste, su testamento, confiriéndoles las facultades necesarias y que por derecho se requieran.

UNDÉCIMA: que revoca toda otra disposición testamentaria que haya otorgado antes de ahora, pues sólo quiere valga el presente en el que deja consignada su última y bien deliberada voluntad.

Yo, el escribano autorizante doy fe que la testadora se encuentra en su sano juicio, según su acertado razonamiento y que el acto no ha sido interrumpido por otro extraño. Leído que le fue en presencia de los testigos del acto que la ven y declaran conocer, se ratificó en su contenido firmando en prueba de ello con aquellos que lo son, Don Félix Armesto, de sesenta y cinco años de edad, domiciliado en la calle Esmeralda número novecientos nueve; Don Leonardo M. Rodríguez Gacte, de cincuenta y cinco años de edad que vive en la calle Callao número mil doscientos noventa y tres y Don Carlos Domingo Duncan, de sesenta y un años de edad que habita en al Avenida Quintana número treinta; todos vecinos hábiles y de mi conocimiento que doy fe. Ante mí: Nicanor O. Repetto. Registro a mi cargo bajo el número quinientos cincuenta y cuatro."

APÉNDICE 2
AURELIA VÉLEZ, EL REGRESO

Cuando en 1869 Dalmacio Vélez Sarsfield dispuso en su Código Civil la prohibición para las mujeres de emprender cualquier tipo de actividad comercial sin el previo permiso de su cónyuge, hacía ya dieciséis años que Aurelia se había separado de su marido.

El codificador, seguramente, habrá evaluado la situación de su hija y también la manera de sortearla. Pero lo que no imaginó es que un siglo después sus bisnietos, a los que ni siquiera conoció, se verían obligados a acudir a los Tribunales para pedirle a un juez que los protegiera del pensamiento de su eminente antepasado, para lo cual debieron desempolvar la historia de la vieja tía abuela que tantas veces la familia había tratado de ocultar.

Todo comenzó cuando en 1961, al comienzo de la década de los *hippies* y de la revolución sexual, María Esther Lawson Carranza y Eduardo Jaime Lawson, los pequeños sobrinos nietos por los que tanto se preocupaba Aurelia durante sus viajes por Europa, descubrieron que la casa de la calle Tucumán 1624/26 que habían heredado de su madre, María Carranza, a quien a su vez le había sido legada por Aurelia, no estaba debidamente inscripta.

Indagaron en la sucesión de Aurelia y comprobaron que en 1925 el Registro de la Propiedad había impedido el trámite alegando que el inmueble estaba a nombre de la sociedad conyugal de Aurelia Vélez y

Pedro Ortiz Vélez "sin que se haya registrado aún la sucesión del esposo fallecido con anterioridad a ésta".

Para solucionar este antiguo problema acudieron al abogado Enrique Rial, quien el 19 de diciembre de 1961 solicitó ante el Juzgado Nacional de Primera Instancia en lo Civil Número Tres, que el juez ordenara al Registro la inscripción en cuestión. Para fundamentar su pedido el abogado tuvo que relatar, hace apenas treinta y seis años, la historia de Aurelia Vélez.

En su presentación le explica al magistrado que ella había comprado esa casa el 12 de agosto de 1895 y que en la escritura constaba que era de estado civil casada con don Pedro Ortiz Vélez, pero que concurría a este acto con venia conferida por el señor juez en lo Civil, doctor Virgilio Tedín.

Rial recordó que el 23 de abril de 1881 Aurelia solicitó ante los Tribunales de Buenos Aires una venia para administrar sus bienes porque "mi esposo se encuentra ausente del país hace veinte y tantos años, como así lo aseveran los testigos que suscriben". "Esos testigos —continúa el abogado— son nada menos que Don Domingo Faustino Sarmiento y Don Ignacio L. Albarracín, sobre cuya calidad excepcional, espectabilidad, caballerosidad y hombría de bien es innecesario hacer referencia alguna."

En otra parte del escrito, Rial razona: "Si al obtener la venia en el año 1881 la causante hacía más de veinte años que había sido abandonada por su esposo, al adquirir ella la propiedad habían transcurrido más de treinta y cinco años de esa separación de hecho, sin voluntad de unirse. Cabe entonces pensar que el dinero con que pagó esa compra la señora de Vélez Sarsfield no era el proveniente de una sociedad conyugal ya existente, sino de su peculio particular; dinero éste obtenido de su trabajo o actividad personal o de la sucesión de su extinto padre, el gran codificador y jurisconsulto, doctor Dalmacio Vélez Sarsfield fallecido en 1785, de manera que ese bien pasaría a la categoría de propio de la causante y no de una sociedad prácticamente extinguida por la acción del tiempo transcurrido desde que ocurrió la separación de hecho mencionada".

A pesar de que en el momento de esta presentación el Congreso Nacional ya había sancionado la ley 11.357 que otorgó los derechos civiles a las mujeres liberándolas de la tutela del esposo, todavía faltaban más de dos décadas para que en la Argentina se aceptara el divorcio vincular. Por eso el abogado hace tanto hincapié en el supuesto abandono del hogar de Pedro desconociendo el drama del asesinato con que concluyó el matrimonio u obviándolo *ex profeso*. Lo que sin dudas a Aurelia no le habría gustado es ver su nombre en un expediente judicial en calidad de mujer abandonada, cuestión que nada le preocupó al abogado de los hermanos Lawson quien al final de su escrito vuelve a referirse a los testigos que daban fe de que así había ocurrido.

"De esos testigos —sostiene— uno es un indiscutible héroe civil de la Nación del que se conmemora en este año 1961 el sesquicentenario de su natalicio; se trata nada menos que de Don Domingo Faustino Sarmiento; el otro su pariente Don Ignacio L. Albarracín. Ambos confirman lo manifestado por la causante al solicitar la venia mencionada, de que el esposo de la misma hacía veinte y tantos años se hallaba ausente del país, vale decir, que había hecho abandono del hogar conyugal y sin voluntad de unirse, abandono que debió haberse producido por lo menos con anterioridad al año 1861 y que subsistía al fallecer la señora Aurelia Vélez en el año 1924, es decir, después de más de sesenta años de ocurrido tal hecho."

Lo que el abogado Rial no sabía o fingía desconocer es que más que por héroe civil, Sarmiento podía atestiguar en su carácter de amante la ausencia de Pedro, porque en ese año 1861 ya hacía varios meses que le había declarado su amor a Aurelia y ella lo había aceptado.

Por suerte el juez Alejandro Herrera tampoco conocía la historia, si no tal vez habría puesto en duda la validez de la venia conferida en 1881 basándose en la parcialidad de uno de los testigos. El 21 de marzo de 1962 ordenó la inscripción del inmueble en el Registro de la Propiedad, y desde ese día hasta hoy la historia de Aurelia Vélez volvió a dormir en los archivos.

APÉNDICE 3
CRONOLOGÍA

1836 El 8 de junio nace en Buenos Aires Aurelia Vélez, la primera hija de Dalmacio Vélez Sarsfield y Manuela Velázquez Piñero. Juan Manuel de Rosas es el gobernador de Buenos Aires.

1840 El régimen rosista incrementa la persecución a sus opositores. La familia Vélez Sarsfield se refugia en la estancia de Arrecifes.

1842 Aurelia despide a su padre, que huye a Montevideo.

1846 Dalmacio Vélez Sarsfield regresa a Buenos Aires y entabla amistad con Manuela Rosas, hija del gobernador. Aurelia concurre con su padre a las tertulias de Palermo.

1852 Aurelia asiste al derrocamiento de Rosas y a la entrada del general Justo José de Urquiza a Buenos Aires tras el triunfo del Ejército Grande en la batalla de Caseros. En sus filas combatieron Pedro Ortiz Vélez, primo hermano de Aurelia, y Domingo Faustino Sarmiento, entre otros oficiales.

Dalmacio Vélez Sarsfield funda el diario *El Nacional* y es elegido legislador para la Sala de Representantes de Buenos Aires, igual que Ortiz Vélez. Tras impulsar el rechazo del Acuerdo de San Nicolás, ambos son encarcelados y enviados al exilio junto con Bartolomé Mitre e Ireneo

Portela, pero al cabo de dos meses regresan luego de la revolución en contra de Urquiza.

1853 Aurelia contrae matrimonio con Pedro Ortiz Vélez. A los ocho meses se separa, acusada de adulterio, y regresa a la casa de su padre.

Pedro es declarado demente por la Sala de Representantes para evitarle un juicio por asesinato y parte al exilio en Chile, de donde nunca regresa.

Se sanciona en Santa Fe la Constitución de la Confederación Argentina sin la participación de Buenos Aires. Urquiza es designado presidente de la Nación.

1855 Sarmiento se radica en Buenos Aires. Ingresa al diario *El Nacional* para reemplazar a Mitre y comienza a frecuentar la casa de los Vélez Sarsfield, donde entabla relación con Aurelia.

1860 Aurelia inicia su historia de amor con Sarmiento.

1861 El Ejército de Buenos Aires triunfa en la batalla de Pavón y derrota a Urquiza.

1862 Mitre es elegido presidente de la Nación y designa como ministro de Hacienda a Dalmacio Vélez Sarsfield.

Sarmiento es elegido gobernador de San Juan. Su esposa, Benita Martínez Pastoriza, descubre las relaciones de su marido con Aurelia. El matrimonio se separa en medio de un escándalo.

Para alejarse de Buenos Aires, Aurelia viaja a Córdoba, donde permanece tres meses.

1864 Sarmiento parte hacia los Estados Unidos como embajador argentino.

1865 Aurelia se traslada a la quinta de Almagro para ayudar a su padre como amanuense en la redacción del Código Civil e intercambia correspondencia con Sarmiento.

1867 Para suceder a Mitre, Aurelia propone el nombre de Sarmiento como candidato a presidente de la República y desde ese momento trabaja para su campaña política.

1868 Sarmiento, electo presidente, regresa al país. En el viaje de vuelta escribe un diario dedicado a Aurelia.

Sarmiento asume la presidencia de la Nación y designa a Dalmacio Vélez Sarsfield como ministro del Interior. Aurelia lo ayuda en su gestión y se hace cargo de su correspondencia.

1871 Aurelia se traslada junto con su familia a la estancia de Arrecifes para huir de la fiebre amarilla.

1873 Sarmiento sufre un atentado mientras se traslada en carruaje a la casa de Aurelia.

1874 Finaliza la presidencia de Sarmiento. Lo sucede Nicolás Avellaneda.

1875 Fallece Dalmacio Vélez Sarsfield.

Sarmiento es designado senador nacional por San Juan.

1879 Aurelia se traslada a Córdoba con su hermana Rosario y su madre, ambas enfermas. Sarmiento viaja para acompañarla durante un mes. Muere Rosario y Sarmiento pronuncia un discurso en su funeral.

1880 Tras la muerte de su madre, Manuela Velázquez Piñero, Aurelia regresa a Buenos Aires.

Julio Argentino Roca es designado presidente de la Nación.

Buenos Aires es declarada Capital Federal de la República.

1881 Aurelia acude a los tribunales de Buenos Aires para solicitar una venia que le permita manejar sus bienes sin el consentimiento de su cónyuge. Presenta a Sarmiento como testigo de su separación.

1883 Aurelia viaja con Sarmiento a Montevideo.

1885 Por primera vez Aurelia recorre Europa, desde donde escribe sus impresiones, publicadas en la prensa por Sarmiento.

1886 Aurelia regresa de Europa.

Miguel Juárez Celman es elegido presidente de la Nación.

Sarmiento parte a las termas de Rosario de la Frontera para mejorar su salud. A su regreso, junto a Aurelia, asiste a la presentación de Sarah Bernhardt en el teatro Politeama de Buenos Aires.

1887 Sarmiento parte al Paraguay por razones de salud y a los cinco meses regresa recuperado.

1888 Aurelia viaja a Europa. Sarmiento, enfermo, vuelve al Paraguay. A su regreso, ella lo visita para la inauguración de su casa en Asunción.

Aurelia retorna a Buenos Aires. Una semana después fallece Sarmiento, a los setenta y siete años.

1889 Aurelia parte hacia Europa para huir de la soledad y de la calumnia.

Fallece su hermano, Constantino Vélez.

En Buenos Aires crece la especulación en la recientemente creada Bolsa de Valores.

1890 Juárez Celman renuncia a la presidencia de la Nación y asume el vicepresidente, Carlos Pellegrini.

1892 Luis Sáenz Peña es elegido presidente de la República.

1895 Renuncia Sáenz Peña y lo sucede el vicepresidente, José Evaristo Uriburu.

1898 Inicia su segunda presidencia Julio Argentino Roca.

1900 Aurelia asiste a la Exposición Internacional de París. Se entera en Europa de la inauguración del monumento a Sarmiento en el Parque Tres de Febrero.

1905 Triunfa la fórmula presidencial Manuel Quintana-José Figueroa Alcorta.

1906 Fallece el presidente Quintana.

1910 Aurelia regresa definitivamente a Buenos Aires justo a tiempo para participar de las fiestas del Centenario de la Revolución de Mayo, encabezadas por el presidente de la Nación, Figueroa Alcorta.

Celebra el triunfo de su amigo, Victorino de la Plaza, elegido vicepresidente de la Nación acompañando la fórmula encabezada por Roque Sáenz Peña.

1912 Aurelia se traslada en los veranos a Adrogué y San Fernando para huir del calor.

1914 Muere el presidente Sáenz Peña y lo sucede Victorino de la Plaza.

1916 Hipólito Yrigoyen es elegido presidente de la Nación.

1920 Aurelia redacta su testamento.

1923 Recibe una invitación de sus sobrinas para viajar a Córdoba, pero responde que está muy anciana para aceptarla.

1924 El 6 de diciembre fallece Aurelia Vélez, a los ochenta y ocho años.

FUENTES

BIBLIOGRAFÍA

AUZA, Néstor. *Periodismo y Feminismo en la Argentina 1830-1930*, Buenos Aires, Emecé Editores, 1988.

AVELLANEDA, Nicolás. *Escritos Literarios*, Buenos Aires, La Cultura Argentina, 1915.

BARELA, Liliana y VILLAGRÁN PADILLA, Julio. "Notas sobre la epidemia de fiebre amarilla", *Revista Histórica*, Tomo III, Nº 7, Buenos Aires, Instituto Histórico de la Organización Nacional, 1980.

Bienes embargados a unitarios. Buenos Aires, Archivo General de la Nación, 1842.

CUTOLO, Vicente O. *Nuevo diccionario biográfico argentino,* Tomo V, Buenos Aires.

CHANETON, Abel. *Historia de Vélez Sarsfield,* Tomos I y II, Buenos Aires, La Facultad, 1937.

Debates de la Sala de Representantes de la Provincia de Buenos Aires al tratarse el Acuerdo de San Nicolás, San Nicolás de los Arroyos, Museo y Biblioteca de la Casa del Acuerdo, 1951.

DE PAOLI, Pedro. *Sarmiento, su gravitación en el desarrollo nacional*, Buenos Aires, Ediciones Theoría, 1964.

Epistolario entre Sarmiento y Posse 1845-1888, Buenos Aires, Museo Histórico Sarmiento, 1946.

FARIÑA NÚÑEZ, Porfirio. *Los amores de Sarmiento*, Buenos Aires, Ediciones Cóndor, 1934.

Fincas embargadas, Buenos Aires, Archivo General de la Nación, 1842.

GALVÁN MORENO, C. *Radiografía de Sarmiento*, Buenos Aires, Editorial Claridad, 1938.

GÁLVEZ, Manuel. *Vida de Sarmiento, el hombre de autoridad*, Buenos Aires, Editorial Tor, 1952.

GUERRERO, César. *Mujeres de Sarmiento*, Buenos Aires, 1960.

GONZÁLEZ ARRILI, Bernardo. *Sarmiento*, Buenos Aires, Kapelusz, 1946.

Sesenta años de República 1852-1912, Buenos Aires, Ediciones de la Obra, 1945.

GROUSSAC, Paul. *El viaje intelectual. Impresiones de naturaleza*, Buenos Aires, Ediciones de la Biblioteca.

GUTIÉRREZ, Eduardo. *Los dramas del terror*, Buenos Aires, Editorial Harpón, 1944.

HOWARD, Jennie E. *En otros años y climas distantes*, Buenos Aires, Raigal, 1951.

LÓPEZ, Lucio V. *La Gran Aldea*, Buenos Aires, Eudeba, 1960.

LUGONES, Leopoldo. *Historia de Sarmiento*, Buenos Aires, Academia Argentina de Letras, 1988.

MANSILLA, Lucio V. *Causeries: Los siete platos de arroz con leche*, Buenos Aires, 1889.

MARTEL, Julián. *La Bolsa*, Buenos Aires, Huemul, 1890.

MODRICH, Giusseppe. *República Argentina. Note de viaggio de Buenos Aires alla Terra del Fuogo*, Milán, 1890.

OTTOLENGHI, Julia. *Vida y obra de Sarmiento en síntesis cronológica*, Buenos Aires, Kapelusz, 1950.

PALCOS, Alberto. *Sarmiento, la vida, la obra, las ideas, el genio*, Buenos Aires, Emecé, 1962.

PAZ, José María. *Memorias de la prisión*, Buenos Aires, Angel Estrada Editores, 1944.

PELLIZA, Mariano. *La organización nacional*, Buenos Aires, 1923.

PÉREZ AMUCHÁSTEGUI, A. J. *Mentalidades argentinas 1860-1930*, Buenos Aires, Eudeba, 1965.

Premio Especial del Consejo Nacional de Educación. *La última gran preocupación de Sarmiento*, 1938.

ROJAS, Nerio. *Psicología de Sarmiento*, Buenos Aires, La Facultad, 1916.

ROJAS, Ricardo. *El Profeta de la Pampa. Vida de Sarmiento*, Buenos Aires, Losada, 1945.

SALDÍAS, Adolfo. *Historia de la Confederación*, Tomo II, Buenos Aires, Hyspamérica, 1987.

Sarmiento-Mitre. Correspondencia 1846-1869, Buenos Aires, Museo Mitre, 1911.

SARMIENTO, Domingo F. *Obras completas*, Buenos Aires, Luz del Día, 1956.

Epistolario íntimo, Buenos Aires, Ediciones Culturales Argentinas, 1963.

Páginas confidenciales, Buenos Aires, Elevación, 1944.

VÉLEZ, Aurelia. *Sucesión*. Archivo General del Poder Judicial de la Nación, 1924.

VELÁZQUEZ, Manuela. *Sucesión*. Archivo General de la Nación, 1890.

VÉLEZ, Constantino. *Sucesión*. Archivo General de la Nación, 1899.

VÉLEZ, Rosario. *Sucesión*. Archivo General de la Nación, 1880.

VÉLEZ SARSFIELD, Dalmacio. *Dictámenes en la Asesoría de Gobierno del Estado de Buenos Aires*, Buenos Aires, Facultad de Derecho y Ciencias Sociales, Colección de Textos y Documentos para la Historia del Derecho Argentino.

CORRESPONDENCIA

SARMIENTO, Domingo F. a Aurelia Vélez, Nueva York, mayo, junio y agosto de 1865 y febrero de 1885; Boston, octubre de 1865; Buenos Aires, agosto de 1885 y Asunción del Paraguay, agosto de 1888. Museo Histórico Sarmiento.

SARMIENTO, Domingo F. a Victorina Lenoir de Navarro, Buenos Aires, abril de 1885. Museo Histórico Sarmiento.

SARMIENTO, Domingo F. a Adolfo Saldías, Asunción del Paraguay, julio de 1888. Museo Histórico Sarmiento.

VÉLEZ, Aurelia a Domingo F. Sarmiento, Buenos Aires, marzo de 1868 y abril de 1884. Museo Histórico Sarmiento.

VÉLEZ, Aurelia a María Carranza, Biarritz, septiembre de 1899; Milán, septiembre de 1900; París, mayo y noviembre de 1900, Montecarlo, febrero de 1901; París, mayo de 1901; Adrogué, febrero sin año. Archivo Fernando Romero Carranza.

VÉLEZ, Aurelia a Eduardo Lawson, Buenos Aires, noviembre de 1912. Archivo Fernando Romero Carranza.

VÉLEZ, Aurelia a una sobrina, Buenos Aires, 1923. Archivo Fernando Romero Carranza.

VÉLEZ SARSFIELD, Dalmacio a Domingo F. Sarmiento, Buenos Aires, marzo y noviembre de 1862; Montevideo, abril y mayo de 1869; Córdoba, mayo de 1870; Arrecifes, marzo de 1871. Museo Histórico Sarmiento.

VÉLEZ SARSFIELD, Dalmacio a Luis Varela, Arrecifes, abril y mayo de 1871. Museo Histórico Sarmiento.

PERIÓDICOS

El Nacional, Buenos Aires, mayo y junio de 1852; abril de 1875; enero-marzo de 1880; enero-septiembre de 1885.

El Progreso, Buenos Aires, junio, 1852.

El Pueblo, Buenos Aires, enero, 1854.

La Nación, Buenos Aires, marzo de 1875; septiembre de 1888; diciembre de 1924.

La Prensa, Buenos Aires, marzo y abril, 1875.

La Quincena, Buenos Aires, 1894.

La Razón, Buenos Aires, diciembre de 1924.

La Tribuna, Buenos Aires, agosto-diciembre de 1853; marzo y abril de 1875.

REVISTAS

Caras y Caretas. Reportaje a Elena y Eugenia Belin Sarmiento, Buenos Aires, 10 de noviembre de 1938.

El Hogar. Reportaje a Emilia C. de Macías, Buenos Aires, 5 de mayo de 1939.

Fray Mocho. Entrevista a Sofía Lenoir de Klappenbach, Buenos Aires, 1938.

INDICE

Esta edición
se terminó de imprimir en
Grafinor S.A.
Lamadrid 1576, Villa Ballester,
en el mes de noviembre de 1998.